できる人の早起きテクニック&「朝時間」の使い方

Change your habit before 8 a.m.

朝8時までの習慣で人生は9割変わる

市川清太郎
Seitaro Ichikawa

横浜タイガ出版

「忙しくて、時間がない……」
「お金がないから、できない……」

「家族や子供がいるから……」
「自分には無理……」

そうした言い訳で、
あなたは「本当にやりたいこと」を
我慢していませんか？

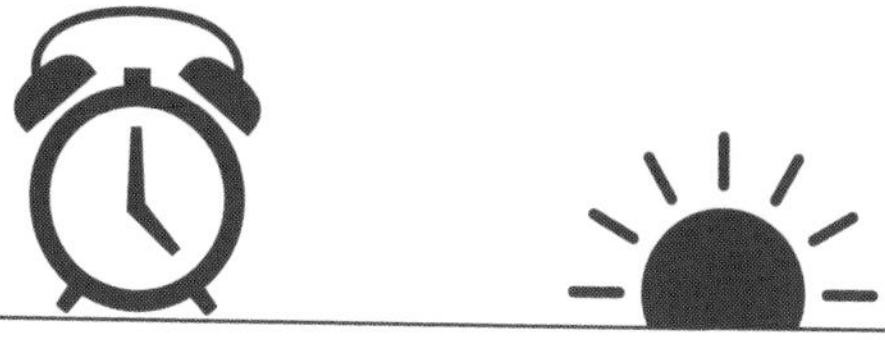

もしくは、
「やりたいことが見つからない」と思いながら、
日々の仕事に流されて生きていませんか？

一度しかない人生。
どんなにお金持ちでも、
「人生の持ち時間」だけは増やすことができません。

できない言い訳、やらない言い訳ばかりする、
もったいない生き方。
「明日の朝」から、もうやめにしませんか？

はじめに

この本を手に取っていただき、ありがとうございます。
この本で、私があなたにお伝えしたいことは、きわめてシンプルです。

人生は、朝8時までの過ごし方で決まる。
早起きを習慣化して、「朝8時までの時間の使い方」を変えれば、人生は必ず変えられる。

あなたにこのことをお伝えしたいがために、私はこの本を書きました。

なぜ、私が**「早起きの習慣」**と**「朝8時までの時間の使い方」**にこだわるのか？
いきなり恐縮ですが、少しだけ、私個人の話をさせてください。

私は4歳のときに、父親を病気で亡くしています。

母親から、「祖父も早くに亡くなった」と聞かされていた私は、幼い頃から、**「自分の人生も、長くはないかもしれない……」**と思いながら生きてきました。

「自分の人生の持ち時間は、短いかもしれない。であれば、時間を最大限に有効活用して、たとえ短い人生であっても、2人分、3人分の人生を生きたい。そうしなければ、死ぬときに必ず後悔する」

そのように考えて、私は今まで生きてきました。

また、母子家庭で育った私の家には、お金がありませんでした。

ごくたまに、母親とレストランで外食をする機会があっても、「負担をかけないように、できるかぎり安いものを注文しよう」と考えるような子供でした。

「食べたいものすら、自由に注文できない。お金がないということは、選択肢が少ないということなんだな……」

そのように感じていた私は、**「お金の問題で、人生の選択肢を減らすことだけは絶対にしたくない」**と思いながら、生きてきました。

さて、ここであなたの人生を振り返ってみてください。

私にかぎらず、あなたが自分のやりたいことや夢を実現させたいと思うとき、その障害となるのは、たいてい**「時間」**と**「お金」**ではないでしょうか？

「やりたいことがあるけれど、忙しくて時間がない……」

「お金がないから、無理……」

そういって、あなたは**「自分が本当にやりたいこと」**をあきらめてしまっていませんか？

この「時間とお金の問題」を解決するためには、いったいどうしたらいいのでしょうか？

その答えが、**「早起きの習慣」**であり、**「朝8時までの時間を有効活用するこ**

と」なのです。

現在、私は**11社の会社を経営**しています。

日本国内のみならず、海外での事業も行っているため、海外への出張も珍しくありません。

こうした話をすると、「市川さんは立派な実業家ですね」と、あなたは感じるかもしれませんね。

でも、実は、**私の本業はサラリーマン**です。

自分が経営する会社の仕事で海外に出張するのは、基本的に週末のみ。

月曜日から金曜日までのウィークデーは会社勤めをしている、普通のサラリーマンにすぎません。

私のサラリーマンとしての仕事は、**コンサルタントがメイン**になります。

夜は飲み会や仕事の接待などがあり、終業後、自分の自由な時間を取れることはほとんどありません。

また、私には妻と幼い3人の子供がいます。

飲み会や接待がない日には、早々に帰宅し、家族団らんを楽しみます。

そして、夜の9時、10時といった時間帯に、子供と一緒に寝てしまいます。

こうした生活スタイルは、おそらく一般的なサラリーマンとほとんど変わらないのではないでしょうか？

では、なぜ、そんな私が現役のサラリーマンでありながら、副業で11社の経営に携われるのでしょうか？

その理由は「朝時間」、とりわけ「起床から朝8時までの時間」を有効活用しているからに他なりません。

朝8時までの時間を有効に活用することで、私は経営者としてお金を稼ぐだけでなく、サラリーマンとしての人生も楽しんでいます。

朝時間を有効活用することで、私は**「2人分の人生」**を楽しんでいるのです。

ちなみに、私はこれまでに**10回の転職**をしていますが、その理由も、**転職をすることで様々な経験をしたい**からです。

さて、朝8時までの時間を有効に活用するためには、基本的に「**早起き**」が欠かせません。

現在、私は**毎朝4時頃に起床**しています。

そこから、副業である「会社経営」の仕事を自宅で行い、子供を保育園に送ってから**朝7時半頃に出社**します。

その後、「その日の仕事の段取り」を朝8時までに済ませるようにしています。

つまり、私は「**副業の会社経営**」**と**「**本業の仕事の段取り**」**という最も大切な仕事を、朝8時までに全て片づけるようにしている**のです。

とはいえ、夜遅くまで仕事をして、朝ギリギリに起きて、朝食も食べずにバタバタと出社する……。

そうした生活習慣の方が、私と同じように、いきなり朝4時起きを実践するのは難しいでしょう。

では、そうしたあなたは、いったい何から始めるべきなのでしょうか？

私の１日のスケジュール（平日）

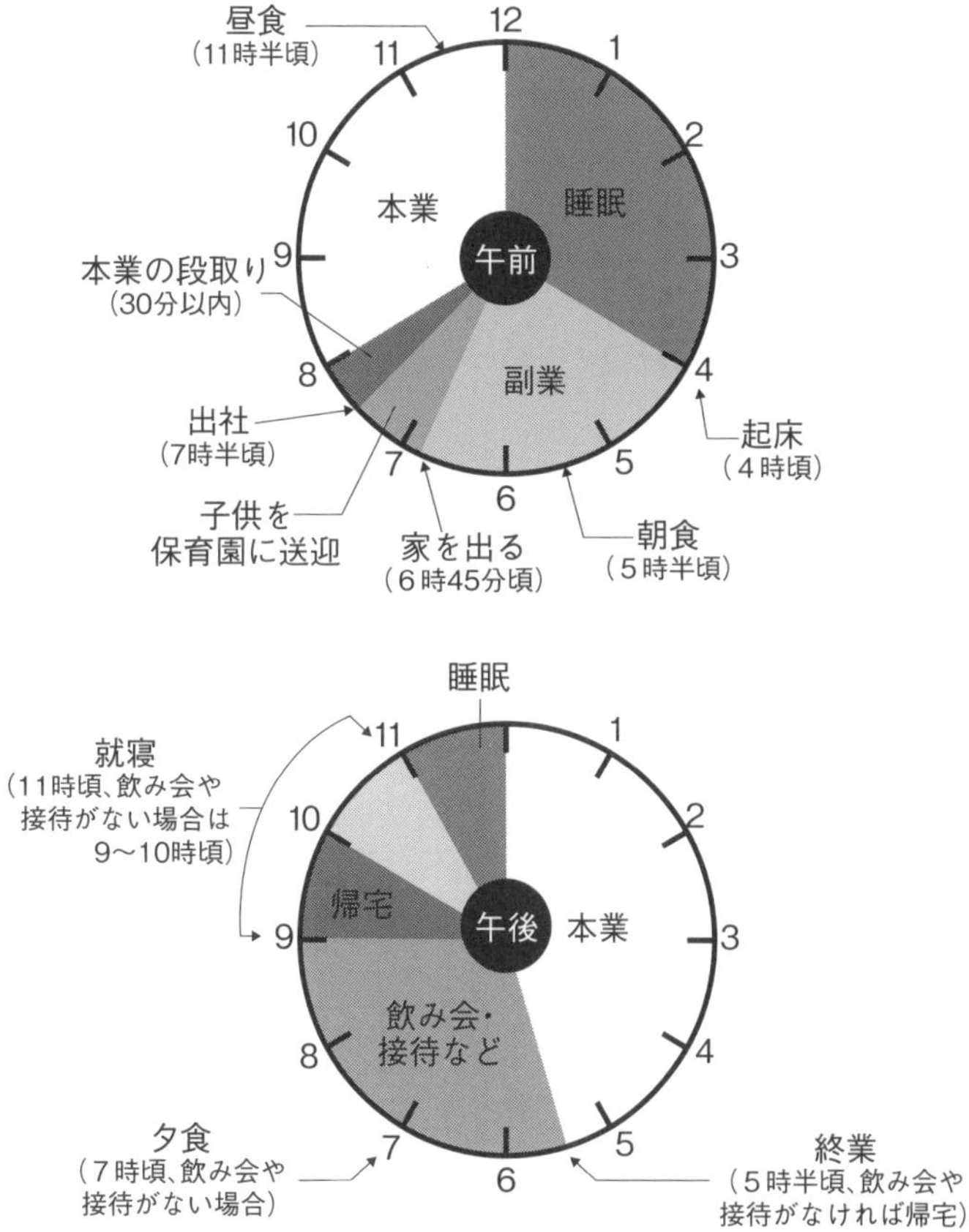

現在、私は「生活習慣を変えるための自己啓発セミナー」や「副業を始めたいサラリーマンやOL向けのセミナー」を定期的に行っています。

そのセミナーで、私は**「朝30分でもいいから、まずは早起きをして、自由な時間を作ることから始めてみてください」**という提案をしています。

なぜなら、たとえ30分でも、朝の時間を有効活用できるようになると、**「30分では、全然もの足りない」**と感じるようになるからです。

そうなれば、しめたもの。**起床時間が朝6時、朝5時と、どんどん早くなっていく**ようになります。

この点にかんしては、私自身もそうでしたし、数多くの私のセミナー受講者でも、すでに実証済みです。

しかし、私が「朝30分でいいから、まずは早起きをしましょう」という提案をすると、セミナー受講者からはたいてい、以下のような反応が返ってきます。

「そうはいっても、どうも早起きは苦手で……」

「目覚まし時計をかけても、疲れていて、ついつい二度寝してしまうんです……」

この「早起きは苦手で……」を克服する方法については、のちほど詳しくお話ししますが、そのポイントについて、ここで少しだけお話ししておきましょう。

早起きを習慣化させるためのポイントは、**「早起きをせずにはいられない」という状況を作る**ことです。

例えば、大好きな恋人がいたとしたら、あなたはどんなに忙しくても、その恋人に会うための時間を作ろうとしますよね？

その要領です。

しっかりとした動機づけさえできれば、あなたも必ず早起きを習慣化することができるはずです。

この本では、「どうしても早起きできない」という悩みを持つあなたのために、まずは**「早起きを習慣化させるためのノウハウ」**を伝授します。

さらに、「早起きしても、その時間をどのように使えばいいかわからない」という悩みを抱えるあなたのために、**「朝時間の効果的な使い方」**をお伝えします。

もちろん、**早起きをして作った時間をどのように使うかは、基本的にあなたの自由**です。

語学を習得したり、資格を取ったりしてスキルアップをしたいという方は、その勉強に時間を費やすといいでしょう。

例えば、2018年のサッカー・ワールドカップのロシア大会で活躍したゴールキーパーの川島永嗣選手は、18歳のときから17年間、朝30分の語学学習を欠かしたことがないといいます。

その甲斐あってか、今では英語、フランス語、イタリア語、スペイン語、ポルトガル語など、計5カ国語を操るそうです。

朝30分でも、毎日積み上げていけば、大きな目標も達成できる。その典型的な例といえるでしょう。

しかし、私があなたに一番オススメしたいのは、**朝の時間を活用して、自分のビジネスを構築する**ことです。

あなたがサラリーマンやＯＬであれば、**「副業を始めましょう」**ということです。

先ほどもお話ししましたが、私は「生活習慣を変えるための自己啓発セミナー」だけでなく、「副業を始めたいサラリーマンやＯＬ向けのセミナー」を定期的に行っています。

その中で感じているのは、受講者たちの**「将来に対する漠然とした不安」**です。

将来に不安を感じるのは、様々な要因があると思いますが、我々にとって、直近で最もインパクトが大きいのは、**ＡＩ（Artificial Intelligence、人工知能）の発達**ではないでしょうか？

現在、書店に行くと、ＡＩ関連の本が数多く並んでいます。

また、雑誌などでも、**「ＡＩによって、将来なくなる仕事」**という特集が頻繁に組まれるようになりました。

「ＡＩの発達によって、自分の仕事はどうなってしまうんだろう……」

「将来、リストラされたらどうしよう……」

そのように考えている方が多いからこそ、ＡＩ関連の本が売れたり、雑誌でＡＩの特集が組まれたりするのだと思います。

しかし、私にいわせれば、どんなに優秀な経営者であっても、どんなに高名な学者であっても、**将来を正確に予測することは不可能**です。

実際、専門家の間でも、「ＡＩの発達で未来がどうなるのか」は意見が分かれています。

そうした専門家や経営者の方々の意見を参考にするのはかまいませんが、それを鵜呑《うの》みにして、「将来、リストラされたらどうしよう……」などと悩むのは、正直、あまり意味がありません。

それよりも、自分でビジネスを構築して、**「お金には困っていないので、クビにするなら、いつでもどうぞ」**といえる態勢を整えておいた方が、よほど健全な精神を保てるのではないでしょうか？

ビジネスの経験がない方でも、この本に書いてあるとおりに実践していただければ、自分でビジネスを構築することは、そんなに難しいことではありません。

将来、いつリストラをされてもいいように、自分でビジネスを構築する。そうした「積極的な生き方・働き方」こそが、これからのサラリーマンやOLに求められているのではないでしょうか？

現役のサラリーマンとして、私はそのように感じています。

自分でビジネスを構築したい。副業を始めたい。
でも、何から始めればいいのか、わからない。

この本では、そんな悩みを持つあなたのために、朝の時間を活用して「**お金を稼ぐ方法**」についても、指南をさせていただきます。

私がどのように朝の時間を活用して、「**時間とお金に不自由しない人生**」を実現させてきたのか？　その秘訣《ひけつ》を初公開します。

それとともに、**「お金がなくても、あなたが今すぐ実践できる方法」**を提示させていただきます。

1章は「何とかして、早起きの習慣を身につけたい」と考えているあなたのために、**「早起きのテクニック」**について解説。私はこの分野の医学的な専門家ではないため、専門家の先生が書いた数々の本を読み、勉強しました。私の経験則だけではなく、専門家の医学的な観点も交えて、私が考える「早起きのコツ」についてまとめます。それと同時に**「朝時間の効果的な使い方」**を説明します。

2章は**「朝の時間を活用してお金を稼ぐ方法」**について解説。きちんと実践していただければ、年収10倍も夢ではありません。そうなれば、転職は思いのまま。それだけでなく、将来的な起業やセミリタイアも視野に入ってくることでしょう。

3章は**「仕事のスピードや成果を10倍アップさせる方法」**について解説。仕事の効率や成果を上げるためには「時間の使い方」だけでなく、「先延ばししない仕事術」「現状を打破するアイデアの生み出し方」「良好な人間関係を作るためのコミュニケーション術」なども欠かせません。こうした点を踏まえて、様々な観点から、あなたを「できる人」に変えるための方法をご紹介します。

ちなみに、この本では、**編集に少し工夫**をこらしました。

本を開いてみると、大事な箇所が「太字」になっているのを、あなたもよく目にすると思います。

この本でも、太字を採用していますが、これは基本的に、出版社の編集者が「この部分を強調したい」と感じた部分が太字になっています。

でも、著者の私からいわせれば、私自身が強調したい部分もあります。

そこで、この本では、**編集者の太字とは別に、私が「この部分をもっと強調したい」と感じた部分にかんして、太い線（網かけ）を引き、「著者・市川の視点」という形で欄外にコメントを加えました。**

ベストセラー作家の池上彰さんと佐藤優さんの共著『僕らが毎日やっている最強の読み方』（東洋経済新報社刊）には、様々な**「読書の技法」**が書かれています。

この本によると、池上さんも佐藤さんも、**気になる箇所に線を引いたり、書き込みをしたりしながら、読書をしている**そうです。

なぜ、書き込みをしながら、読書をするのでしょうか？

その点について、池上さんと佐藤さんは、**「手書きをすることで、記憶の定着度が高まる」**という趣旨の話をされています。

ぜひ、あなた自身も、気になった箇所に線を引いたり、気づいたことを欄外に書き込んだりしながら、この本を読み進めてください。

そうすることで、この本を読む時間が、あなたにとって、よりいっそう有意義なものになるはずです。

この本があなたの「自由な人生の出発点」となるよう、心から祈っております。

一緒にがんばりましょう！

市川清太郎

朝8時までの習慣で人生は9割変わる　目次

2章

「朝時間」であなたの年収を10倍にする方法

3★章

仕事のスピード&成果を10倍アップさせる方法

※本書には一部、投資関連の記述が含まれています。本書で示した意見によって読者に生じた損害、および逸失利益について、著者、発行者、発行所、発売元は、いかなる責任も負いません。投資の決定は、ご自身の判断でなさるようにお願いいたします。

1章

できる人の早起きテクニック&「朝時間」の使い方

1★

もしも明日、死んでしまうとしたら？

「はじめに」でもお話ししたとおり、私は「時間の使い方」に徹底的にこだわっています。

例えば、私はたいてい、**1日のスケジュールを1分の隙《すき》もないように、びっしりつめ込んでいます。**

一部の自己啓発書には、「緊急時に対応できるよう、スケジュールにはある程度のブランクを設けた方がいい」と書いてあるものもあります。

しかし、そんなことはおかまいなしに、とにかくスケジュールをつめ込みます。

なぜなら、**1分1秒たりとも、時間をムダにしたくない**からです。

こうしたスケジュールの組み方をしていると、他の人から「そんな生き方をし

私の経験上、忙しい人ほど、遅刻で人を待たせることはしません。分刻みでスケジュールを管理しているため、意外なほど、時間に正確です。スケジュール管理は「あなたを息苦しくするためのもの」ではなく、「効率良く動くためのツールである」という発想転換が必要だと思います。

ていて、疲れませんか」と聞かれることもあります。

でも、少し考えてみてください。

例えば、明日、あなたが死んでしまうとしたら、今日1日、いったい何をして過ごすでしょうか？

おそらく、1分1秒を惜しんで、「今やりたいこと」「今やるべきこと」に全力で集中するはずです。

時間をムダづかいするのは、「人生の時間にはかぎりがある」「人間は必ず死ぬ」という当たり前の事実を忘れてしまっているからではないでしょうか？

私の父は、私が4歳のときに亡くなりましたが、まだ若く、30歳でした。

父もまさか自分が30歳で死んでしまうとは思ってもいなかったでしょう。

生きているというのは本当に奇跡で、あなたが無事に明日を迎えられる保証はどこにもありません。

そう思えば、1分1秒たりとも、「今、この瞬間」をムダにはできないはずです。

現在、私の年齢は、父親が死去した年齢をすでに超えています。

父の年齢を超えたとき、私の胸に去来したのは「父はもっと生きて、いろいろなことをやりたかっただろうな。無念だっただろうな」という想いでした。

生きているうちに、できるかぎり、やりたいことをやる。

そうしなければ、生きている意味がありません。

人間は基本的に怠け者です。

「忙しいから」「時間がないから」「お金がないから」「家族や子供がいるから」と、「やらない理由」ばかりを探してしまいがちです。

しかし、もしもあなたが「自分の思いどおりの人生を生きたい」と思うのならば、**「やらない言い訳」ではなく、「今、何ができるか」に目を向けるべき**です。

また、人間は欲ばりな生き物です。

物事がうまくいかないときほど、「あれもやらなければならない」「これもやらなければならない」と焦ってしまいがちです。

しかし、そんなときほど、**「まずは早起きするだけでいい」と気楽に考えて、**

「今できること」に集中することが大切です。

例えば、**朝30分だけでもOK**です。

明日の朝、いつもより少しだけ早く起きることは、今すぐ、誰でも実践できるのではないでしょうか？

たかが30分とバカにしてはいけません。

それを積み重ねていくと、30分ではもの足りなく感じて、「明日はもう少し早く起きてみよう」といった形で、起床時間がどんどん早くなっていきます。

そうなれば、しめたものです。

早起きをして、**朝の時間帯に「自分がやりたいこと」をできるようになると、今、あなたが感じているストレスは、驚くほどなくなる**ことでしょう。

今、早起きの経験がないあなたは、なかなか実感がわかないかもしれません。

しかし、早起きを習慣化すると、その言葉の意味が実感として、必ず理解できるようになります。

私が実践してきたように、**たとえサラリーマンであっても、朝早く起きて、その時間の使い方を工夫するだけで、人生は劇的に変えられる**のです。

カリスマコンサルタントであり、億万長者でもあるブライアン・トレーシーは、ベストセラーとなった『カエルを食べてしまえ！』（ダイヤモンド社刊）という本の中で、次のように書いています。

人生の成功の95％は、いかにうまく時間を使うかにかかっている。

人生で一番大切なのは、「**いかにうまく時間を使うか**」です。

それを突きつめて考えることは、「**いかに有意義に生きるか**」につながります。

人生は一度しかありません。

この本をきっかけに、ぜひ一度、真剣に考えてみてください。

「できないこと」は、どうでもいい。
「今できることは何か」を考え、
そこに集中しよう！

2★

成功の秘訣は「少しだけ」ズラすこと

「はじめに」でも書いたとおり、私は朝8時までに、大切な仕事をほぼ全て片づけるようにしています。

なぜ、朝8時までなのでしょうか？

それは、**「朝8時までの過ごし方が人生を決める」**という信念があるからです。

こうした話をすると、「朝8時？　それは市川さんだから、できるんですよ」とか、「それは無理ですよ」といった反応が返ってきます。

しかし、他の人と同じことをやっていて、あなたは本当に成功できるのでしょうか？

私の処女作である『ズレるが勝ち』（経済界刊）にも書きましたが、成功するための秘訣は「いかにズラすか」、つまり、**「いかに他人との差別化を図るか」**が大事だと、私は考えています。

他の人と同じことをやっていたら、成功するのは難しいと思います。

例えば、私は仕事やプライベートの旅行で、よく海外に行きます。

外務省の「海外在留邦人数調査統計」(2017年要約版)によると、2016年に海外に住んでいる日本人の数は、約134万人です。日本の人口は約1億2000万人ですから、その**割合は約1%**にすぎません。

ですから、仮に海外に移住すれば、あなたは他人との差別化を簡単に図ることができます。なぜなら、海外に住む日本人は、日本国内に住む日本人よりも希少だからです。海外に住んでいるというだけで、あなたは「日本人の1%」に入ることができるのです。

海外に移住することは、他人との差別化を図るための効果的な方法の1つといえるでしょう。

しかし、多くの方にとって、海外に移住するというのは、正直、かなりハードルが高いのではないでしょうか？

いきなり「海外に住みなさい」といわれても、家族や語学、金銭面の問題などがあって、今すぐ海外に移住できる人というのは、おそらくほとんどいません。


では、どうやって、他人との差別化を図ればいいのでしょうか？

私はそのための一番簡単な方法が**「朝の時間をズラすこと」＝「早起きをすること」**ではないかと考えています。


ここでのポイントは、**大きくズラすのではなく、少しズラす**ことです。

例えば、富士山は「日本一高い山」として、世界的にも有名です。

では、富士山は、日本で2番目に高い山より、2倍も3倍も高いのでしょうか？

そんなことはありません。

日本で2番目に高い山は、山梨県にある「北岳」ですが、その標高は３１９３メートル。これに対し、富士山の標高は３７７６メートルです。

その差は、数百メートルしかありません。

しかし、その知名度には、雲泥の差があります。

富士山を知らない日本人はいないでしょう。

しかし、逆に「北岳」を知っている日本人は、おそらくほとんどいないのではないでしょうか？


このように、1位と2位の差は、実は、**「ほんの少しの差」**でしかありません。

でも、その「ほんの少しの差」が、比べようもない**「大きな差」**になるのです。

もしも、あなたが「自分を差別化したい」と思うのなら、「海外に住む」といった「大きな差」を求める必要はありません。

人生を変えるために必要なのは、「ほんの少しの差」です。

であれば、**まずは毎日の起床時間を「ほんの少しだけ」ズラせばいい。**はじめは30分でもかまわないから、起床時間を少しだけズラせばいいのです。

このことを腹の底から理解し、日々の習慣として「ほんの少しズラすこと」を実践できれば、あなたの人生は確実に変わり始めるはずです。

著者・市川の視点

早起きのメリットの１つとして、「１日のスケジュールが前倒しになる」という点が挙げられます。早めに通勤すれば、満員電車を避けられますし、朝、静かなオフィスで仕事がはかどれば、残業をする必要もありません。「朝のちょっとした差」が、結果、「１日の大きな差」になるのです。

他の人と
「ほんの少しだけズラす」ことを
日々、意識しよう！

3★ なぜ、朝が重要なのか？

私が朝の時間帯を重視する理由は、基本的にたった1つです。

それは、勉強をするにしても、仕事をするにしても、**「朝の時間帯が最も効率が良い」**からです。

では、「朝の時間帯の効率が良い」というのは、具体的にどういうことなのでしょうか？


人間は寝ている間に、前の日に経験したことや勉強したことなどを、脳の中で整理しているといわれています。

つまり、朝というのは、**脳の中身が整理され、さらに疲れもとれて、脳が一番リフレッシュをしている時間帯**です。

このように考えると、朝の時間帯というのは、**効率的に勉強をしたり、ビジネスのアイデアを出したりするのに、最も適している時間帯**といえるでしょう。

例えば、朝ギリギリまで寝て、朝食をとらず、顔を洗ってすぐに出社するという人たちがいます。

こうした人たちは、脳が一番リフレッシュしている朝の時間帯に「勉強する時間」も「ビジネスのアイデア作りをする時間」も確保することができません。

これは、非常にもったいないことだと思います。

「はじめに」でお話ししましたが、私はこれまでに10回の転職を経験し、現在は11社目の会社に勤めています。

現在の私の出社時間は朝7時半頃ですが、子供が生まれるまでは、始発の電車に乗り、誰よりも早く出社することを日課にしていました。

その中で、1つ気づいたことがあります。

それは、**役職の高い人や仕事ができる人ほど、朝早く出社してくる**ということです。

私は今までに11社に在籍してきましたが、これは**どの会社でも、ほぼ例外はありません。**

いったい、なぜなのでしょうか？

例えば、たった一代で、売上高1兆円を超える巨大企業「日本電産」を創り上げた永守重信さんは、数十年前、ある高名なコンサルタントに経営指導を仰ぐ機会を得たそうです。

あるとき、そのコンサルタントの方から「明日の午前7時に御社に伺う」と連絡が来ました。そして、そのコンサルタントは、実際に午前7時から工場の前に立ち、社員が朝何時頃に出社してくるのかを、つぶさに観察していたそうです。

永守さんが「そんなに早い時間から、何をチェックされているのですか」と尋ねると、そのコンサルタントの方は、**「社員の出社時間が遅い会社は、いくら熱心に指導をしても良くならない」**と答えたそうです。

そこで、永守さんは「社員の出社時間」と「仕事の結果」との相関関係を調べてみました。すると、**出社時間が遅い社員は、総じて成績が良くない**ことがわかったそうです。

この経験から、永守さんは**「2時間残業をする人よりも、朝30分早く出社する人を重視する」**と、日頃から社員に言い聞かせるようにしたそうです。

このエピソードは永守さんの著書『「人を動かす人」になれ！』（三笠書房刊）に書かれています。

興味のある方は、ぜひご一読いただきたいと思いますが、このように、有名な経営者も**「朝の時間の大切さ」**を実感し、その効用を社員に説いているのです。

このエピソードを読んだあなたは、ひょっとしたら、次のように感じるかもしれません。

「朝30分働くよりも、残業の2時間の方が、たくさん仕事ができるのではないですか？」

たしかに、朝30分働くよりも、夜2時間働く方が、仕事の量がこなせるように感じるかもしれません。

しかし、**「朝30分の仕事」と「夜2時間の仕事」は、そもそも「仕事の質」が全く異なります。**

どのように質が異なるのでしょうか？　私自身の例で説明しましょう。

私は毎朝4時頃に起きて、副業として行っている複数の事業運営のために、ビジネスパートナーに対して、「今日はこれをやってほしい」という指示をメールで出しています。

なぜ、早起きをして、パートナーにメールで指示を出すのでしょうか？

それは、**パートナーに朝一番から、効率良く動いてほしい**からです。

例えば、私のパートナーが朝8時から始動するとしましょう。

このパートナーに1日、効率良く動いてもらうためには、私はその前の時間帯に、パートナーに指示を出さなければなりません。

仮にパートナーが朝8時から始動するのに、私の指示出しが朝9時になれば、大切な朝の1時間をロスすることになってしまいますよね？

だからこそ、早起きをすることが重要です。

ひょっとしたら、あなたは次のように反論するかもしれません。

「朝ではなく、前の晩にメールで指示を出せばいいんじゃないですか？　例えば、深夜に指示を出すのも、早朝に指示を出すのも、結局は同じことでしょう？」

たしかにそうかもしれませんが、**現代はスピードが早く、変化がめまぐるしい時代**です。

極端なことをいえば、**寝ている間に状況が一変**しているということも、十分に考えられます。

リアルタイムで的確な指示を出したいのであれば、朝早起きをする以外に方法はない。私は、そのように考えています。

だからこそ、役職者や仕事ができる人ほど早起きをして、**朝から「最新の情**

報」を収集します。

そして、自分だけではなく、**部下や仕事のパートナーが当日の業務を円滑に行えるように、誰よりも早く出社する**のです。

人間は、1人の力でできることには限界があります。

仕事で成功をおさめるためには、自分のビジョンを明確にし、他の人たちにも動いてもらわなければなりません。

そして、**人を動かすために最も重要なのが、朝の時間帯**です。

朝一番で指示を出せば、部下やパートナーに効率良く動いてもらえます。

だからこそ、朝の時間は、1日の中で最も重要な時間帯なのです。

大事なので繰り返しますが、勉強をするにしても、仕事をするにしても、最も重要なのは「朝の時間帯」です。

だからこそ、**朝、誰よりも早く動き出すことが、あなたの成功をより確実なものにする**のです。

人を動かすためには、
自らが早起きをして
誰よりも早く動き出すことが大切！

4★ 時間をムダに使う人は、運もムダにする

先ほどは「朝の重要性」について、お話ししました。

ここでもう1つだけ、「朝の重要性」について、**重要な観点**を加えておきましょう。

例えば、あなたは朝の電車に、あと一歩で乗り遅れてしまったことはありませんか？

駅まで走っていったのに、目の前で電車のドアが閉まってしまう……。

そうしたときに思うのは、「あと1分早く起きていればなあ……」とか、「前の晩にしっかり準備を済ませておけば、間に合ったのに……」といったことではないでしょうか？

そうした経験は、おそらく誰にでもあるのではないかと思います。

電車を一本乗り過ごせば、仮に朝のラッシュ時であっても、2～3分ほど待たなければならず、大切な時間をロスしてしまいます。

このように**「間に合わない」ことは、「大切な時間のロス」につながり、ひいては、「運気を下げる」ことにつながるのではないか？**

私は、そのように考えています。

麻雀の世界で20年間無敗。「雀鬼」と呼ばれた桜井章一さんは、人間の「運」にかんする本をたくさん書いていらっしゃいます。

人間の運を決めるのは何か？

桜井さんが『運に選ばれる人、選ばれない人』（東洋経済新報社刊）で書いているのは、人間の運を決めるのは**「変化に間に合うかどうか」**ということです。

桜井さんによると、**運命を変えるために必要なのは、信念を持って行動することやコツコツ努力することではない**そうです。

もちろん、運命を変えるために、それらが大切なのはいうまでもありません。

しかし、桜井さんは、運命を変えるために一番大切なのは「変化に間に合うこと」だといいます。

全てのものは絶え間なく変化しているけれども、それにリズムを合わせることができれば、自然に運命は変わる。

桜井さんは、そのように主張しています。


「変化に間に合うよう、機転を利かせた人物」の代表例は、**豊臣秀吉**です。

織田信長の死後、秀吉は天下をとりました。

しかし、当時の信長の筆頭家老は、柴田勝家でした。

なぜ、秀吉が天下をとり、勝家はそのチャンスを逃したのでしょうか?


本能寺の変で信長が討たれたことを知った秀吉は、当時、戦争をしていた毛利氏と和睦《わぼく》を結び、謀反を起こした明智光秀を討つため、京の都に大急ぎで引き返しました。

「中国大返し」と呼ばれる有名な史実です。

そして、山崎の合戦で、秀吉は光秀を討ちました。

これに対し、筆頭家老の柴田勝家は、動けませんでした。

次々と起こる変化に「間に合うこと」ができなかったのです。


その結果、光秀を討った秀吉の発言力が増し、信長の死後の織田家の方針を決める「清洲会議」で、勝家は秀吉に主導権を握られる結果になってしまいました。

その後、秀吉は「信長の葬儀」を執り行い、自分が信長の後継者であることを天下にアピールして、天下人への道を歩み始めたのです。


変化に間に合わない人は、「間」が抜けています。

そのため、**「間抜け」**と呼ばれ、運気を落とす結果になります。

例えば、相手を批判する言葉として、「あいつは間抜けだなあ」といったりしますが、これは「あいつはどうもタイミングが悪いなあ」という意味です。

では、世の中の変化に間に合うためには、どうしたらいいのでしょうか？

桜井さんは「**小さな変化に気づく感性**」、そして、**自分の身を常に「間の中」に入れておくことが大切**であると書いています。

小さな変化に気づくための「感性の磨き方」についてはのちほど第3章で詳しくお話ししますが、「自分の身を常に間の中に入れておく」というのは、いったいどういうことなのでしょうか？

先ほどの「あと一歩で電車に乗り遅れてしまった」という例を出すまでもなく、時間に追われている生活を送っていると、自分を「間の中」に入れておくことはできません。

結果として、電車を逃すだけでなく、運も逃すことになります。

大事なのは、秀吉のように時間を先回りして、変化に間に合うことです。

では、時間を先回りするためには、いったいどうしたらいいのでしょうか？

私は、そのために必要なのが「**早起き**」であると考えています。

最近、私は東京都内をレンタルサイクル（自転車）で移動することが多いのですが、移動中に「こんなお店があったんだ」という「新鮮な発見」がたくさんあります。子供は何にでも驚く感性を持っていますが、日々の「小さな発見」が感性の鍛錬につながるのだと思います。

早起きをすることが、結果として、自分の身を「間の中」に入れておくことにつながるのではないでしょうか？

もちろん、ただ早起きをしたからといって、それだけで成功できるわけではありませんし、お金持ちになれるわけでもありません。

大事なのは、ただ早起きをするだけでなく、**「早起きで作った時間をどのように活用するか」**です。

その時間の使い方については、これから詳しく解説をしていきます。

いずれにしても、**早起きは運気を上昇させるきっかけになり、逆に、朝寝坊は運気を落とすことになる**のです。


朝の時間帯を重視する理由について、私は「勉強をするにしても、仕事をするにしても、朝の時間帯が最も効率が良い」と先ほど書きました。

それだけでなく、**早起きをして、その時間をうまく使うことで、運気をも効率良く引き寄せることができる。**

私は、そのように考えています。

早起きすると、
自分が「間の中」に入る。
だから、運気が確実に上がる！

5★

「早起き習慣」を定着させるテクニック①

さて、前置きはこれくらいにして、ここからは**「早起きを習慣化させるための具体的なノウハウ」**について、お話をしていきたいと思います。

早起きを習慣化させるためには、いったいどうすればいいのでしょうか？

そのためのコツは、主に3つあると、私は考えています。

1つずつ、順番に説明しましょう。

1つ目のコツは、**日の出の時間が早い春や夏の季節に、早起きの習慣を身につけてしまう**ことです。

例えば、睡眠学の権威である遠藤拓郎先生は、ベストセラーとなった『朝5時半起きの習慣で、人生はうまくいく！』（フォレスト出版刊）という本の中で

私は毎朝4時頃に起きていますが、今のところ健康に支障はなく、特に問題はないと考えています。東京都内の場合、夏は朝4時半頃から外が明るくなってきますから、毎日、カーテンを開けて寝ている私にとっては、朝5時半まで寝ている方が、逆に難しいと感じています。

「早起きの限界は朝5時半である」と結論づけています。

そして、この本の中で遠藤先生が推奨しているのは、「朝5時半に起きる習慣は、日の出の時間が早い春から夏の季節に身につけなさい」ということです。

古代から、人間は日没とともに就寝し、日の出とともに起きる習慣を持っていました。

そのため、**日の出の時間が遅い秋や冬の季節は、朝5時半でも真っ暗なことが多く、どうしても早起きをすることが難しくなってしまう**そうです。

遠藤先生によると、人間の体内時計には**「履歴効果」**があり、一定期間、早起きの習慣を続けていると、体内時計がその時間にセットされるという性質を持っているそうです。

実際、私は毎朝4時頃に起きる習慣を持っていますが、**目覚まし時計をかけることはほとんどありません。**

朝4時頃になると、自然と目が覚めてしまうのですが、それは私の体内時計の「履歴効果」が、朝4時頃にセットされているということなのでしょう。

いったん早起きの習慣を身につけてしまえば、体内時計の「履歴効果」で、誰でも簡単に早起きをすることができるようになります。

そして、そうした習慣を身につけるコツは、日の出の時間が遅い秋や冬よりも、日の出が早い春や夏に早起きを始める方がベターなのです。

では、早起きの習慣を身につけるための2つ目のコツは、何なのでしょうか?

それは**「朝食を欠かさないこと」「深夜の食事は避けること」**、そして、**「できるかぎり規則正しい時間に食事をすること」**です。

なぜ、これらが大切なのでしょうか?

その点を理解するためには、**「体内時計のリセットポイント」**について、知らなければなりません。

では、「体内時計のリセットポイント」というのは、いったい何なのでしょうか?

次項で説明します。

早起きの習慣は「春から夏の季節」に始めると定着しやすい！

6★

「早起き習慣」を定着させるテクニック②

人間の体内時計は、基本的に25時間で動いているといわれています。

これを地球のリズムに合わせて、24時間にリセットするのは、太陽の光、とりわけ、**朝の太陽の光を浴びることが肝心**であるといわれてきました。

「早起き系」の本を読んだことがある方は、一度は聞いたことがある話なのではないでしょうか？

ところが、最近の研究で「**太陽の光、つまり明暗のリズムよりも、食事のリズムの方が、体内時計に与える影響が大きい**」ということがわかってきたそうです。

では、どのようなメカニズムで、体内時計は24時間にリセットされているのでしょうか？

体内時計のリセットポイント

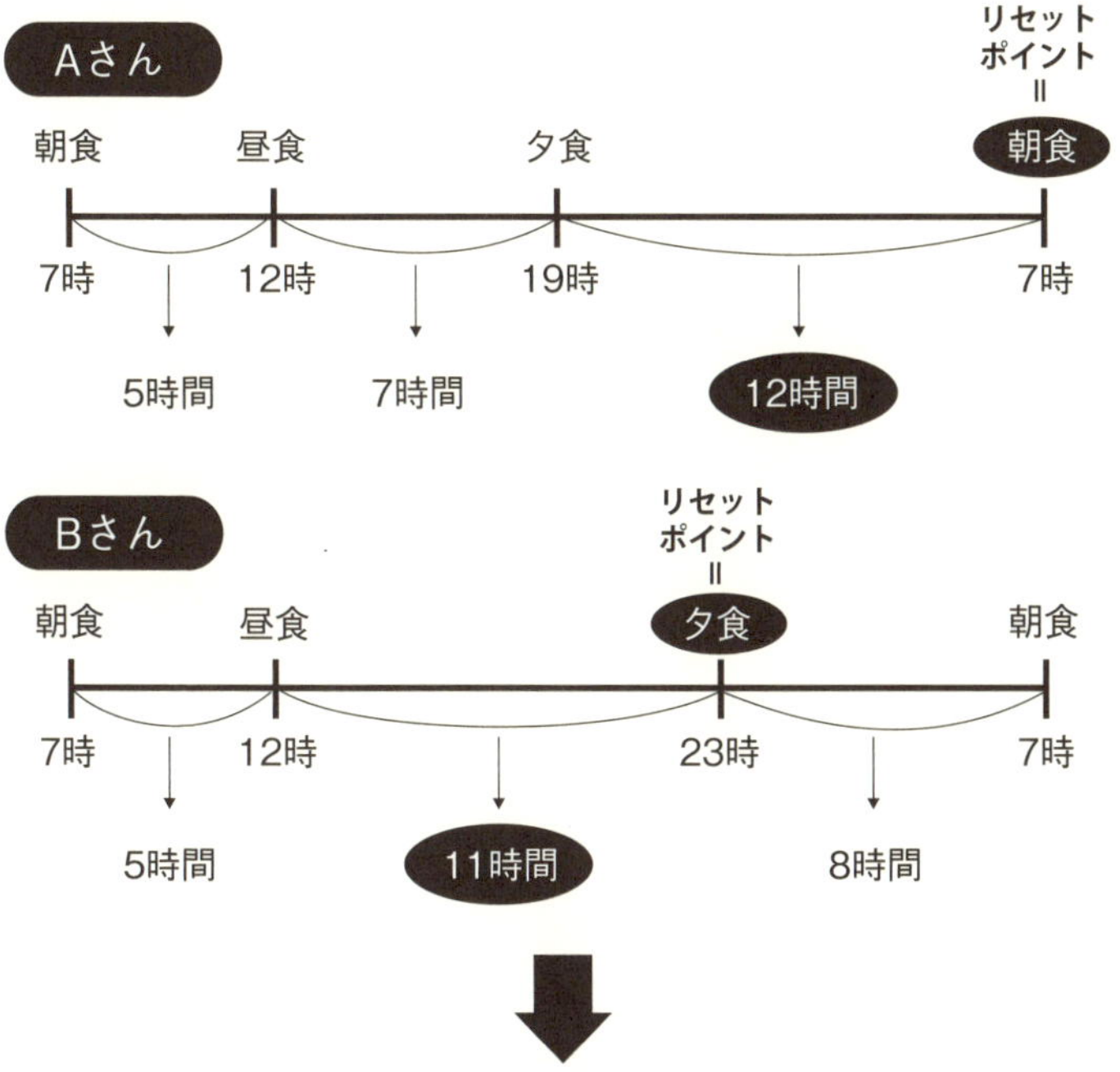

リセットポイントは
「食べない時間」が一番長いところで入る！

（池田充宏著『「食べる時間」ダイエット』〈徳間書店刊〉より抜粋して作成）

そこで重要になるのが、**「体内時計のリセットポイント」**にかんする知識です。

では、「体内時計のリセットポイント」とは、いったい何なのでしょうか？

前ページの図をご覧ください。

これは、AさんとBさん、2人の食事のリズムを比較した図です。

Aさんは朝食を朝7時、昼食を12時、夕食を夜の7時（19時）に毎日とっています。

一方、Bさんは朝食を朝7時、昼食を12時。ここまではAさんと同じですが、仕事で忙しいため、夕食を帰宅後の夜の11時（23時）にとっています。

この両者は、どういった形で、体内時計がリセットされるのでしょうか？

「体内時計のリセットポイント」の基本的な考え方は、**「食べない時間が一番長いところ」で、体内時計がリセットされる**ということです。

では、Aさんのリセットポイントは、どこでしょうか？

Aさんの場合、夕食を夜の7時（19時）に食べ、朝食を朝の7時に食べます。

この間の12時間が「食べない時間」として最も長いので、この場合、**朝食を食べた瞬間に、体内時計がリセット**されることになります。

一方、Bさんはどうでしょうか？　Bさんの場合、「食べない時間」が一番長いのは、昼食と夕食の間の11時間になります。この場合、**夕食を食べた瞬間に、体内時計がリセット**されることになってしまいます。

「夜の時間帯（夕食を食べた瞬間）に体内時計がリセットされて、何が悪いの？」

ひょっとしたら、あなたはそのように思うかもしれません。

しかし、夜、体内時計がリセットされるということは、**体にとっては、夜の時間帯に朝がスタートしてしまう**ということです。

これだと、**本来休むべき時間帯に体を休めることができなくなり、いくら寝ても倦怠《けんたい》感や疲労感が残る**ことになってしまいます。

だからこそ、**「朝食を欠かさないこと」「深夜の食事は避けること」「できるかぎり規則正しい時間に食事をすること」が大切**なのです。

最近は「朝は忙しい」とか、「ダイエットのため」といった理由で、朝食をとらない方が増えています。

しかし、「疲労を残さず、スッキリ起きて、朝からバリバリ働く」「早起きの習慣を身につける」という観点でいうと、規則正しい食事のリズム、とりわけ朝食の習慣は欠かせません。

朝食を欠かせば、体内時計の調節がうまくいかなくなってしまいます。

ですから、私も朝食は朝の5時半頃、昼食は昼の11時半頃、夕食は夜の7時頃といった形で、できるかぎり規則正しい食生活を心がけています。

ちなみに、こうした規則正しい食生活には、**ダイエット効果**もあるそうです。

私のセミナー参加者の中には、**「早起きの習慣でヤセた」**という方もいらっしゃいましたが、規則正しい食生活が、そうした効果をもたらしたのでしょう。

このあたりの医学的な根拠については、池田充宏先生の著書『「食べる時間」ダイエット』（徳間書店刊）に詳しく書いてあります。

ご興味のある方は、ぜひ読んでみてください。

早起きの習慣を作るためには
規則正しい食生活、
とりわけ朝食が大切！

7
人間は何時間眠ればいいのか？

多くの方が**「朝、起きるのがツライ。なかなか起きられない……」**という悩みを抱えていらっしゃいます。

なぜ、朝起きるのがツライのでしょうか？

原因は様々あると思いますが、その最大の要因は、「夜、遅くまで起きている」からではないかと思います。

要は、**寝不足だから、ツライ**のです。

早い時間に寝て、ある程度の睡眠時間を確保できれば、起床のツラさは、だいぶ軽減できるのではないでしょうか？

ここで疑問になるのが、**「人間は何時間眠ればいいのか」**ということです。

睡眠は量だけでなく、質も大事だといわれますから、このあたりは一概にはいえないのかもしれませんが、睡眠時間はどれくらい削れるものなのでしょうか？

実は、私自身、**「1日1時間の睡眠で、どこまで耐えられるか」**という実験をしたことがあります。

はじめのうちは快調だったのですが、数日たったある朝、突然、体が動かなくなってしまいました。

仕事中に、はいつくばるようにして病院に行き、そこで点滴を受ける羽目になってしまいました。

この経験から思い知らされたのは、**「むやみに睡眠時間を削るのは危険」**ということです。

例えば、アメリカでは**「1日6時間寝れば、眠気がなく、パフォーマンスも落ちない」**という研究結果が出ているそうです。

この研究結果を信じるならば、「1日6時間眠るのがいい」ということになるでしょう。

朝4時に起きたいのであれば、夜の10時までには寝る。

朝5時に起きたいのであれば、夜の11時。朝6時に起きたいのであれば、夜の12時までに寝るのが理想ということになります。

しかし、私も含めて、忙しいサラリーマンやOLの方々は、毎日6時間の睡眠を確保するのは、なかなか難しいのではないでしょうか？

私の場合、夜のお付き合いがある日でも、ダラダラと飲むことは基本的にしません。

2～3時間でさっと切り上げ、基本的には、夜の9時までにはお開きにします。

そして、夜の10時までには帰宅をするよう、心がけています。

朝4時起きで6時間の睡眠時間を確保しようとすると、逆算して、夜の10時までには就寝をしなければなりません。

しかし、夜の10時に帰宅して、すぐに眠るというわけにはいきません。

今でこそ、早い時間帯に飲み会を切り上げていますが、営業だった頃は、接待が毎晩続き、ツラい状況でした。しかし、当時の上司から「飲んだ翌日は絶対に遅刻するな」といわれていたため、翌朝は誰よりも早く出社していました。ツラいときほど、ペースを乱してはいけない。私の信念です。

ですから、朝4時に起きる場合、睡眠時間を削る以外に方法はありません。

いったい人間の睡眠時間は、どれくらい削れるものなのでしょうか？

人間の睡眠サイクルが**90分単位**であることは、よく知られています。

ですから、90分の倍数、つまり3時間、4時間半、6時間、7時間半が「人間にとって、最も効率の良い睡眠時間」ということになります。

では、いったいどれくらいが「睡眠時間を削れる限界」なのでしょうか？

この問いに対し、先ほどご紹介した遠藤拓郎先生は『4時間半熟睡法』（フォレスト出版刊）という本で、**「4時間半が睡眠時間を削れる限界である」**と書いていらっしゃいます。

ただし、パフォーマンスに支障が出ない睡眠時間は6時間であり、毎日4時間半の睡眠では、睡眠不足が蓄積してしまいます。

そこで、遠藤先生が提案されているのは、**「週末に睡眠の不足分を補おう」**ということです。

最近、『スタンフォード式　最高の睡眠』（西野精治著、サンマーク出版刊）という本がベストセラーになりました。

この本の中で**「睡眠負債」**という概念が提示され、NHKの番組などでも特集されて話題になりましたが、基本的な考え方は、おそらく遠藤先生とほぼ同じではないかと思います。

要は、**寝不足というのは、基本的にどこかで補わなければならない**のです。

今、この本を読んでいる方の中には、「早く寝ろといわれても、忙しいし、夜の付き合いもあるから、なかなか難しい」と思っている方もいらっしゃるでしょう。

その場合も、例えば週末など、休みの日に睡眠不足を補えば、問題ありません。

先ほどお話ししたように、人間の睡眠サイクルは90分ですから、**6時間や7時間半を目安に、週末や休みの日に、少し長めの睡眠をとればいい**でしょう。

私の場合も、忙しくて、平日に睡眠時間があまりとれないときには、週末にできるかぎり早い時間に寝るようにしています。

ただし、その場合でも、朝4時起きのスタイルは基本的に変えません。

なぜなら、このスタイルを崩すと、「体内時計の履歴効果」が薄れてしまうからです。


就寝時間を変えても、起床時間は変えない。

これが、早起き習慣を持続させるためのポイントです。


夜の過ごし方について、1つだけアドバイスを加えておくと、**テレビはできるかぎり見ない方がいい**でしょう。

私の場合、夜の時間帯に見るのは、夜7時から始まるＮＨＫの30分のニュース番組だけです。

それが終われば、すぐにテレビのスイッチを切ってしまいます。

夜にテレビの強烈な光を浴びると、睡眠が浅くなってしまうからです。

また、テレビ番組というのは、非常にうまく作られているので、一度見てしまうと、ダラダラと見てしまいがちです。

テレビをダラダラと見ていると、大切な時間をムダにするだけでなく、生活のリズムまで崩れてしまいます。

私の場合、どうしても見たい番組は録画をしておき、週末など、休みの日にまとめて見るようにしています。

「2時間の番組なのに、本当に見たいところは10分ぐらいしかなかったな」と思うこともザラにありますから、リアルタイムで見る必要はありません。

録画した番組は、倍速で再生することが可能ですし、CMなどの余分な時間をカットすることもできますから、テレビ番組から、より効率的に情報を収集することが可能になります。

「なかなか早い時間帯に眠りにつけない……」という方は、まずは夜にテレビを見る習慣をやめることから始めてみてはいかがでしょうか？

生活のスタイルは、人それぞれです。

ぜひ、あなたも**「自分なりのスタイル」**を確立させてください。

休みの日に、長めの睡眠をとろう。
ただし365日、
基本的に「起床時間」は
変えないのがコツ。

8

「早起き習慣」を定着させるテクニック③

世の中には、「早起きをしたい」と思っていても、３日坊主で、なかなかそれを習慣化できない人が、数多くいます。

なぜ、そうなってしまうのでしょうか？

それは、端的にいってしまうと、仮に朝寝坊をしたとしても、明日からの生活にはまったく困らないからです。

例えば、今日、「あなたの命は明日の夜までです」といわれたら、明日の朝、あなたは絶対に早起きをしますよね？

早起きができないのは、**早起きをするための「動機づけ」が弱い**からです。

そこで、３つ目のコツが必要になります。

では、３つ目のコツとは、いったい何なのでしょうか？

それは、あなたが**心からワクワクするような「明確な目標」を持つ**ことです。

例えば、私には子供がいますが、子供は**「遠足」**に行く日には、必ず早起きをします。ワクワクして、どうしても目が覚めてしまうのでしょう。

あなたにも、そうした経験があるのではないでしょうか？


この原理は、早起きを習慣化させるために応用できます。

そのために必要なのが、「心からワクワクするような目標」を立てることです。

大人になると、子供のときのように心からワクワクすることは少なくなってしまいがちですが、「ワクワクするような目標」を立てることで、そうした気持ちを失わないことが大切です。


では、そうした目標は、いったいどのようにして立てればいいのでしょうか？

目標の立て方について、自己啓発書には、様々なことが書かれています。

ある本には、「達成方法がわからないくらいの長期的な、大きな目標を持ちなさい」と書いてあります。

また、ある本には、「短期的な、小さな目標が大事。それを1つずつ実現させることが重要」と書いてあります。

これはいったい、どちらが正しいのでしょうか？

この質問に対する私の答えは、「どちらが正しいか、どちらが間違っているかという質問自体が間違っている」ということです。

どちらが正しいか、どちらが間違っているかではなく、両方正しい。

それが、私の答えです。

例えば、子育ての本を読むと、**「子供は叱って育てろ」**と書いてある本があれば、**「子供は褒めて伸ばせ」**と書いてある本もあります。

この両者は、一見、矛盾をしているように思えるでしょう。

しかし、私にいわせれば、全然矛盾していません。

なぜ、「矛盾していない」といいきれるのでしょうか？

もしも、あなたが子供を持つ親ならばわかると思いますが、子供にはそれぞれ個性があります。

叱ることで、自分の欠点をなおせる子供がいれば、叱ることで、逆に萎縮《いしゅく》してしまう子供もいます。褒めることで、気持ち良く自分の個性を伸ばせる子供がいれば、褒めることで、逆に調子に乗ってしまう子供もいます。

最も大事なのは、その子供にとって、**「今、何が必要か」**ということです。

バランスを見極めて、ときに叱り、ときには褒める。

そのバランスを取ることが、本当に正しい子育てなのではないでしょうか？

ですから、「叱る育て方と褒める育て方、いったいどちらが正しくて、どちらが間違っているのか」という問い自体には全く意味がないと、私は考えています。

これは、あなたの「目標の立て方」にも、同じことがいえます。

目標も、**短期的な目標と長期的な目標、両方が大切**です。

今、あなたがワクワクできるのは、いったいどんな目標でしょうか？

例えば、「50年以内に世界から戦争をなくし、平和な世の中を作る」という長期的な、壮大な目標でしょうか？

それとも、「3年以内に1億円の資産を作る」といった短期の目標でしょうか？

もしも、あなたが、長期的な目標の方にモチベーションを感じるのであれば、長期的な目標を持てばいいでしょう。逆に、短期的な目標に魅力を感じるのであれば、短期的な目標を立てるといいと思います。

要は、**あなたが目標に対して、「どれくらいワクワクできるか」が重要**なのです。


人間は動物の一種ですから、仮に目標を立てなくても、生きていけます。

刹那《せつな》的な生き方が悪いとはいいません。

しかし、目標を立てないと、ただ漂流するばかりで、最終的にどこにたどり着くかわかりません。

例えば、「東京ディズニーランドに行こう」と決めると、行き方はどうあれ、人間は東京ディズニーランドにたどり着けるものです。

もちろん、タクシーで行くのか、電車で行くのか、徒歩で行くのか、という違いはあります。

手段によって、目的地にたどり着くまでの時間も違います。

ですが、**目的地さえ決めてしまえば、「目的地にたどり着くための情報」が、あなたの目にいろいろと飛び込んでくるようになる**のです。

例えば、あなたが「3年以内に、不動産投資で年収3000万円を稼ぐ」という目標を立てたとしましょう。

そうすると、新聞や電車の中吊り広告で、「不動産投資」というキーワードが、ふいに目に飛び込んでくるようになります。

目標を立てることで、その目標を達成するために必要な情報が、急に、あなたの目に飛び込んでくるようになるのです。

この原理を、認知科学者の苫米地英人先生は、**「スコトーマ」（盲点）**という言葉を使って、表現しています。

目標を達成するために必要な情報は、すでに目の前にあるけれども、スコトーマ（盲点）によって、あなたが気づかないだけだ。

苫米地先生はセミナーなどで、そういう趣旨の話をよくされていますが、経験的に、私はその話がよく理解できます。

目標を達成するために必要なことは、**まずは目標を明確にすること**です。

そうすれば、**目標を達成するために必要な情報が見えてくる**のです。

ただし、先ほどお話をしたように、仮にどんなに立派な目標を立てても、心の底からワクワクすることができなければ、早起きを習慣化することはできません。

ワクワク感があるからこそ、遠足を心待ちにして、つい早起きしてしまう子供のように、あなたも早起きをすることが可能になるのです。

次項、**「ワクワクするような目標の立て方」**について、もう少し突っ込んでお話をさせていただきたいと思います。

早起きの習慣は「ワクワクする目標」から始まる！

9★ 目標の達成を加速化させる方法

さて、ここではワクワクするような目標の立て方、ならびに、その目標を達成させるためのコツについて、お話ししましょう。

まず目標の立て方についてですが、大切なのは**「具体性を持たせること」**と**「期限を決めること」**です。

例えば、「お金持ちになりたい」とか、「ヤセたい」とか、「英語をしゃべれるようになりたい」というのは、目標ではなく、願望です。

そうではなくて、**「年収５０００万円を達成する」「10キロヤセる」「ＴＯＥＩＣで満点をとる」**といった形で、目標は具体性を持たせることが大切です。

また、それと同時に、期限を決めることも大事です。

これは目標にかぎらず、仕事でも同じことです。

例えば、上司から**「この仕事、明日までにやっておいて」**といわれれば、急いでその仕事に取り組みますよね？

これに対して、**「いつでもいいから、この仕事、やっておいて」**といわれたら、その仕事はいつまでたっても、やる気にならないのではないでしょうか？

それと同じことで、例えば、「3年以内に年収5000万円を達成する」といった形で、目標もしっかりと期限を決めることが大切です。

そして、ここからが本当に重要なのですが、**目標を達成したときの「具体的なイメージ」を思い浮かべることが大切**です。

例えば、「3年以内に年収5000万円を達成する」という目標は、あくまでも数値目標にすぎません。極端なことをいってしまえば、**お金は使わなければ、ただの紙切れ**にすぎません。

そうではなくて、仮に「3年以内に年収5000万円を達成する」という目標を立てたのならば、それによって、どんなことを達成したいのか、具体的に思い浮かべてみてください。

例えば、年収5000万円で、あなたが達成したいことは何でしょうか？どうしても欲しかった車を買い、その車で海岸線をドライブしながら、優越感に浸ることでしょうか？それとも、念願のマイホームを手に入れ、家族のみんなが笑顔で、心から喜んでいる姿でしょうか？そうしたところまで具体的にイメージしなければ、心からワクワクする目標にはなりえません。

現在、この原稿を執筆している段階で、3人目の子供が生まれたため、私は1年間の育児休暇を取得しています。

育児休暇に入る前に、私が立てたのは、**「1年以内に10億円の資産を作る」**という目標でした。

私がモチベーションにしているのは、自分が中心となって、家族やビジネスパートナーだけでなく、まわりの方々に喜んでいただくことです。

著者・市川の視点

「目標を達成した姿をイメージしましょう」といわれても、「達成できていないことをイメージなんかできない」という方が数多くいらっしゃいます。その場合、例えば、欲しい車の写真を部屋に貼るなど、イメージしやすいように「可視化」する工夫をしてみてはいかがでしょうか？

この点については、のちほど第3章でもお話をさせていただきますが、この本を書くのも、その一環です。

「1年以内に10億円の資産を作る」という目標で、私が具体的にイメージをしているのは、家族やビジネスパートナー、そして、まわりの方々の笑顔なのです。

私の場合、「1年以内に10億円の資産を作る」という目標を立てたとしても、それを日々の行動に落とし込むことは、基本的にしていません。

よくいわれるのは、「1年以内に10億円の資産を作る」という目標を立てたとしたら、「半年後に何を達成していなければならないか」「1カ月後に何を達成していなければならないか」を逆算して考え、目標に沿って、日々の行動に落とし込んでいかなければならないということです。

しかし、こうした形で日々の行動を逆算したとしても、**日々、刻々と状況は変化しています。**

ですから、**目標に合わせて、日々の行動に落とし込む手法は、あまり意味がない**と私は考えています。

その代わりに、私は「1年以内に10億円の資産を作る」という目標を立てたら、必ずやっていることがあります。

それは、**「目標を人に話すこと」**です。

自己啓発書を読むと、「目標は人に話してはいけない」と書いているものがあれば、「目標は人に話した方がいい」と書いてあるものもあります。

「目標を人に話してはいけない理由」として、多くの本に書かれているのは、まわりの人間が**「ドリームキラー」**になってしまうことです。

例えば、子供が大きな夢を語る際に、親が「そんなことは無理だよ。そんなことはどうでもいいから、勉強しなさい」などといってしまうと、子供はとたんにやる気を失ってしまいます。

以前、ある会社に勤めていたとき、私が「3年以内に年収2000万円を達成したい」といったところ、同僚から「この会社では無理だよ。それよりも、もう少し会社に残って、残業代を稼ごうよ」といわれてしまいました。

そういわれると、何だか、急にやる気が失せてしまいますよね?

これが、いわゆる「ドリームキラー」です。

また、目標を人に語ることで、目標が義務化してしまい、「是が非でもやらなければならない」と心理的に圧迫されて、息苦しくなってしまうこともありえます。

「目標を人に話してはいけない」というのは、こうした観点から、その理由が語られることが多いようです。

しかし、私はそれでも、やはり「目標は人に話すべきだ」と考えています。

なぜなら、**目標を人に話すと、その目標達成に向けて、貴重な情報をくれたり、自分を引き上げてくれる人間が現れたりする**からです。

私の例でいうと、あるとき、私は上司から「市川、お前の目標は何だ?」と唐突に聞かれました。それに対し、私は「10年以内に、この会社で社長になることです」と答えました。

その会社で、私は事務系の仕事をしていたのですが、その上司は、私のことを「面白い人間だな」と感じてくれたのでしょう。

「そうか。社長になりたいなら、もっと全体を俯瞰《ふかん》できる部署で仕事をした方がいい」

そういって、私を事務系の職場から、コンサルティング部門の部署に異動させてくれました。

その後、私は転職をしたため、その会社で社長になることはありませんでしたが、このときに就いたコンサルティングの仕事が、私の今の本業になっています。

目標を人に話すことで、私は天職ともいえる仕事に巡り会えたのです。

また、私の知り合いで、東南アジアでカジノのオーナーをしていた方がいらっしゃいます。

その方は、一度、カジノのオーナーになるチャンスを逃してしまったらしいのですが、その夢を捨てきれず、人に会うたびに「私はカジノのオーナーになりたい」という話をしていたそうです。

すると、「そういえば、あの人はカジノオーナーになりたいといっていたな」といった形で、カジノの案件が次々に舞い込むようになりました。

結果、その方は、念願のカジノオーナーになることができました。

現在、私は「1年以内に10億円の資産を作る」という目標を立て、その目標を人に話すようにしています。

そうすると、「それは無理なんじゃないか」という人がいます。

その一方で、**「それならば、こういうことをした方がいいよ」**という具体的なアドバイスをくれる人もいます。

もちろん、大事なのは、後者の**「具体的なアドバイス」**です。

そして、それは私が「1年以内に10億円の資産を作る」という目標を人に話さなければ決して得られなかった**「貴重なアドバイス」**なのです。

ワクワクするような目標を立てたら、恥ずかしがらずに、どんどん人に話してみましょう。あなたを助けてくれる人が、必ず現れるはずです。

目標には「具体性」と「期限」が必要。
目標を立てたら、
どんどん人に話そう！

10★ 「自分のやりたいことが見つからない……」という方のための処方箋

先ほど、「ワクワクする目標」を持つことの重要性について、述べました。

しかし、私がセミナーなどで「ワクワクする目標を持ちましょう」という話をすると、必ず次のような方がいらっしゃいます。

「ワクワクする目標を持つことの大切さは、よくわかります。でも、私自身、**自分が何をやりたいか、よくわからないんですよね……**」

こうした悩みを持つ方は、かなり多いのではないかと思います。

では、いったいどうすれば、**「自分が本当にやりたいこと」**や**「ワクワクするような目標」**を見つけられるのでしょうか？

この対処法として、私が提案したいのは、無理に「やりたいこと」を探すのではなく、まずは**「やりたくないこと」から考えていく手法**です。

実は、これは、コンサルタント兼ベストセラー作家としても有名な神田昌典さんが『非常識な成功法則』（フォレスト出版刊）という本の中で提唱している方法です。

この本の中で、神田さんはベティ・エドワーズという、絵の描き方を教えることにかけて天才的な、美人絵画教師のエピソードを紹介しています。

親指を描きたいなら、親指ではなく、まずは親指のまわりの空間を描きなさい。

ベティ・エドワーズは、そのように教えるそうです。

これをあなたの目標に置きかえてみましょう。

例えば、**「お金は欲しいけれど、営業はしたくない」**とか、**「嫌いな人と一緒に**

仕事をしたくない」といった形で書き出していけば、**逆に「あなたが本当にやりたいこと」が浮き彫りになってくる**はずです。

日本人は、教育のせいか、与えられた条件の中で結果を出すことは得意です。しかし、その一方で、「何でも自由にやっていいよ」といわれると、とたんに何もできなくなってしまう傾向があります。

今の日本人に求められているのは、与えられた条件やルールの中で結果を出すことではなく、**「自らルールを作り出す能力」**ではないかと思います。

なぜかというと、現代のグローバル社会では、自らルールを作らなければ、自分たちに都合良くルールを変更する外国勢に振り回されてしまうからです。

ですから、「たかが目標」とか、「別に目標がなくても、生きていけるよ」などと、軽く考えてはいけません。**自ら考え、自らの道を自分で切り開いていく能力こそが、これからの時代に必要とされている**のです。

もしも、やりたいことが見つからない場合は、ぜひ実践してみてください。

目標が見つからない場合は、
逆に「やりたくないこと」から
考えてみよう！

11 夢をかなえる「朝時間」の使い方

さて、朝30分でも早起きを習慣化することができたら、あとはその時間をどのように使うかです。

ここでは、その時間を有効活用するための方法について、お話ししましょう。

先ほどお話ししたように、人間は寝ている間に、脳の中で前日の記憶を整理しています。

朝は脳の中身が整理され、疲労もとれて、脳が一番リフレッシュをしている時間帯ですから、**「勉強」や「ビジネスのアイデア作り」にもってこい**です。

では、起床したら、いきなり勉強やビジネスのアイデア作りを始めればいいのでしょうか？

少し待ってください。

朝の時間を有効に活用するためのキーワードは「**集中**」です。

自由に使える時間といっても、ほんの少しの時間しかないわけですから、その時間にいかに集中できるかが、時間を有効に活用するためには大切です。

では、どのようにすれば、あなたの集中力を高めることができるのでしょうか？

例えば、大相撲を見ていると、取り組みの前に、顔や体をバンバン叩いている力士たちの姿を目にします。

あれは脳に「さあ、これから勝負だ」という信号を送り、集中力を高めているそうです。

これにならい、朝起きたら、あなたにも**集中力を高めるための「何らかのルーティーン」**を持っていただきたいと思います。

例えば、好きな音楽をかけるだけでもいいですし、顔を洗って、鏡の前で顔をパンパン叩くのもいいでしょう。

窓を空けて、深呼吸をし、朝の新鮮な空気を吸い込むのもいいかもしれません。

要は、ルーティーンを持つことで、**「さあ、これから勝負だ。朝が始まるぞ」**という信号を脳に送ってほしいのです。

それが、集中力を高めることにつながります。


ちなみに、私の場合は、**朝のラジオ体操**を日課にしています。

朝、起きたら、まずは顔を洗います。そのあと、すぐに録音しておいたラジオ体操を再生し、眠っている体を動かすようにしています。

定番のラジオ体操の音楽を聞きながら、体操を終えると、「さあ、これから朝が始まるぞ」と気分が引き締まります。


さて、これが終わったら、いよいよ朝の本番がスタートしますが、ここでも、いきなり勉強やビジネスのアイデア作りを始めてはいけません。

いったい、なぜなのでしょうか？

その点をあなたに理解していただくために、まずは**「ジョブ」**と**「ワーク」**の違いを説明しなければなりません。

日本語では、一言で「仕事」といいますが、仕事は主に「ジョブ」と「ワーク」の2つに分けられます。

両者の違いは、いったい何なのでしょうか?

簡単にいうと、**「ジョブ」はあまり頭を使わないような「単純作業」**のことを指します。

これに対し、**「ワーク」はアイデアを出す「創造的な作業」**のことを指します。

このようにいうと、ジョブが悪いもので、ワークが良いもののように感じるかもしれませんが、決してそんなことはありません。

車の両輪のように、仕事はこの両輪で成り立っています。

どちらかが欠けてしまえば、仕事が成り立たなくなってしまいます。

ですが、この両者には、決定的な違いがあります。

「どちらの仕事の方が集中しやすいのか」という観点で考えると、集中しやすい

のは「ジョブ」、つまり、あまり頭を使わない「単純作業」です。

頭を使う作業は、脳に負荷がかかりますから、始める前に「何だか面倒くさいな……」という気持ちになってしまいがちです。

その結果、なかなか集中できなくなってしまうのです。

私の場合、ラジオ体操が終わったあとは、副業で行っているビジネスのために、**前日の収支を会計ソフトに打ち込む**ことから始めています。

なぜなら、パソコンに数字を打ち込む作業は、基本的に頭を使わなくても、手だけを動かせばできる「単純作業」だからです。

毎朝2～3分、この作業を行い、その後の作業の集中力を高めるようにしています。

私の場合は、会計ソフトの入力から始めますが、単純作業であれば、基本的に何でもかまいません。

例えば、子供が遊ぶような「**ぬり絵**」を買ってきて、何も考えずに、色鉛筆やクレヨンで、ただ色をぬるだけでもいいでしょう。

要は、頭を使わずに、目の前の単純作業に集中することが大事なのです。

何事もスタートが肝心です。

例えば、心理学者のレナード・ズーニンは、**「物事は最初の4分間が決め手である」**ということを実証しました。

物事は最初の4分間で軌道に乗せることができなければ、その後はスムーズにいかなくなってしまうものです。

だからこそ、私は「ラジオ体操」→「会計ソフトの入力」というルーティーンを行い、まずは「集中しやすい状態」を作ることから、毎朝始めています。

さて、「ラジオ体操」と「会計ソフトの入力」を終えると、いよいよ次の作業に入っていきます。

具体的にいうと、この時間帯には、今後の事業戦略を練ったり、本を読んで勉強したりというような、頭を使う「ワーク」の作業を行っています。

インターネットで最新の情報を収集したり、情報を整理したりという作業も、この時間帯で行いますし、本の原稿を書く作業も、この時間帯に行います。

もちろん、ビジネスパートナーへの指示出しも、この時間帯に行っています。

私の場合、その日にやることを前日に決めるようなことは、基本的にしません。朝、起きて、「今やりたい」と思ったことを優先的にやるようにしています。

なぜなら、**寝ている間にも、状況が変わる**からです。

つまり、それは寝ている間にも、仕事の優先順位が変わるということですから、あらかじめ「こうしよう」と決めるのではなく、フレキシブルに動いた方がいい。

私は、そのように考えています。


1つだけつけ加えておくと、朝の時間帯は、**温かいコーヒーなどを飲むといい**でしょう。

私自身も、朝は温かいコーヒーを飲むことを習慣にしています。

朝起きたばかりの時間帯は、体温が低く、車でいえば、エンジンが冷えきって

著者・市川の視点

初心者の場合は、「朝やるべきこと」を前の晩に決めておいた方が良いかもしれません。最近、うちの子供が早起きをするようになりましたが、それは「朝やるべきこと」を明確にしたからです。早起きを習慣化するまでは、やるべきことを明確にしないと、早起きをするのは難しいと思います。

いる状態です。

いち早く体温を上げるためには、温かいコーヒーなどが効果的です。

もちろん、コーヒーが嫌いという方は、お茶や紅茶などでもかまわないと思います。

とにかく、**温かい飲み物で、いち早く体温を上げることが大切**です。

さて、ルーティーンと単純作業を終えたら、そのあとは頭を使うワークの作業に入っていきますが、ここで2つのルールがあります。

1つは、ルーティーンと単純作業を含めて、「全体的に使える時間は30分」と決めたら、**絶対に延長はしない**こと。

もう1つは、この時間帯に、**本業の仕事を持ち込まない**ことです。

例えば、朝、気持ち良く集中できると、「もう少し時間を延長しよう」と思ってしまいがちです。

しかし時間を延長すれば、その後のスケジュールが全て遅れることになってtしまいます。

これはデメリットでしかありません。

また、時間を延長すると、たいていは作業効率が落ちてしまいます。

ですから、こうした場合、「もう少し時間を延長しよう」と考えるのではなく、**「残りの時間で何ができるか」を考えた方が効率的**です。

例えば、残り時間があと5分しかないのなら、「今、読んでいる本をあと10ページ読んで、今日は終えよう」と考えた方が、作業の効率が上がります。

人間は、時間の制約があるからこそ、仕事や勉強の効率を最大限に高めることができるのです。

また、「朝の時間帯に本業の仕事をしてはいけない」というのも、同じ理由からです。

例えば、「明日の朝、やればいいや」といった形で、本業の仕事を朝の時間帯に回してしまうと、会社での就業時間内の作業効率が、必然的に落ちてしまいます。

だからこそ、時間を効率的に使うためには、朝の時間帯に本業の仕事を回さない方がいいのです。

こうした基本ルールさえ守っていただければ、**朝の時間の使い方は、基本的に自由**です。

語学力を高めて、将来、海外で仕事をしたいという方は、ぜひ語学の勉強をしてください。

資格試験をパスしたい人は、その勉強をするといいでしょう。

もしくは、料理やヨガなど、普段、なかなか時間を割けない趣味に時間を費やすのもいいかもしれません。

ただ、この本で、**私がオススメしたいのは、朝の時間を活用して、自分のビジネスを持つこと**です。

もしも、あなたがサラリーマンやOLであるならば、**「自分のビジネス」**＝**「副業」**ということになるでしょう。

「朝時間」を最大限に活かす方法

①ルーティーンを持つ

「ラジオ体操」など、
何らかのルーティーンを持つことで
「さあ、これから朝が始まるぞ」という
信号を脳に送る。

②「ジョブ」（単純作業）から始める

比較的集中しやすい「単純作業」で、集中力を高める。

③温かい飲み物（コーヒーなど）を飲む

体温が低い朝は、温かい飲み物を飲んで、
いち早く体温を上げることで、作業の効率
が上がる。

基本ルール

①時間の延長はしない
②本業の仕事を持ち込まない

→ 作業効率の低下を防ぎ、時間を有効活用する。

ひょっとしたら、あなたは次のように思うかもしれません。

「朝30分の早起きで、自分のビジネスを作ることなんて、本当にできるの？」

その答えは**「十分に可能」**です。

なぜなら、現在、私は11社の経営に携わっていますが、それは朝の時間を活用し、その時間を積み重ねた結果にすぎないからです。

たった30分でも、その時間を積み重ねていけば、あなたにも必ず大きな可能性が開けてくるはずです。

では、朝の時間を活用して、いったいどのような形で、自分のビジネスを立ち上げればいいのでしょうか？

次章では、その点について、詳しく解説します。

「小さなことを多く積み重ねることが、とんでもないところへ行くただ１つの道なんだなと感じています」。メジャーリーグでシーズン最多安打の記録を更新した際のイチロー選手の言葉です。少しずつ早起きの習慣を積み重ねていけば、いつかあなたも必ず、とんでもない成果を出せるはずです。

朝のスタートは、
まず「単純作業」で集中力を高めよう。
作業効率を最大限にするため、
時間の延長はしない！

2章

「朝時間」であなたの年収を10倍にする方法

1★

「収入を10倍にできる人」と「できない人」の違いとは？

前章では、「早起き習慣」を定着させるための秘訣をご紹介しました。

この章では、あなたが朝の時間を活用して、**「自分のビジネスを立ち上げる方法」＝「お金持ちになる方法」**について、詳しく書きたいと思います。

「今の収入を2倍、3倍に増やしたいですか？」

そのように聞かれれば、おそらくほとんどの方が「ＹＥＳ」と答えるでしょう。

しかし、あなたがサラリーマンであれば、**会社の給料だけで、今の収入を2倍、3倍に増やすことは、ほぼ不可能**です。

次ページのグラフをご覧ください。

1年間を通じて勤務した給与所得者の1人当たりの平均給与

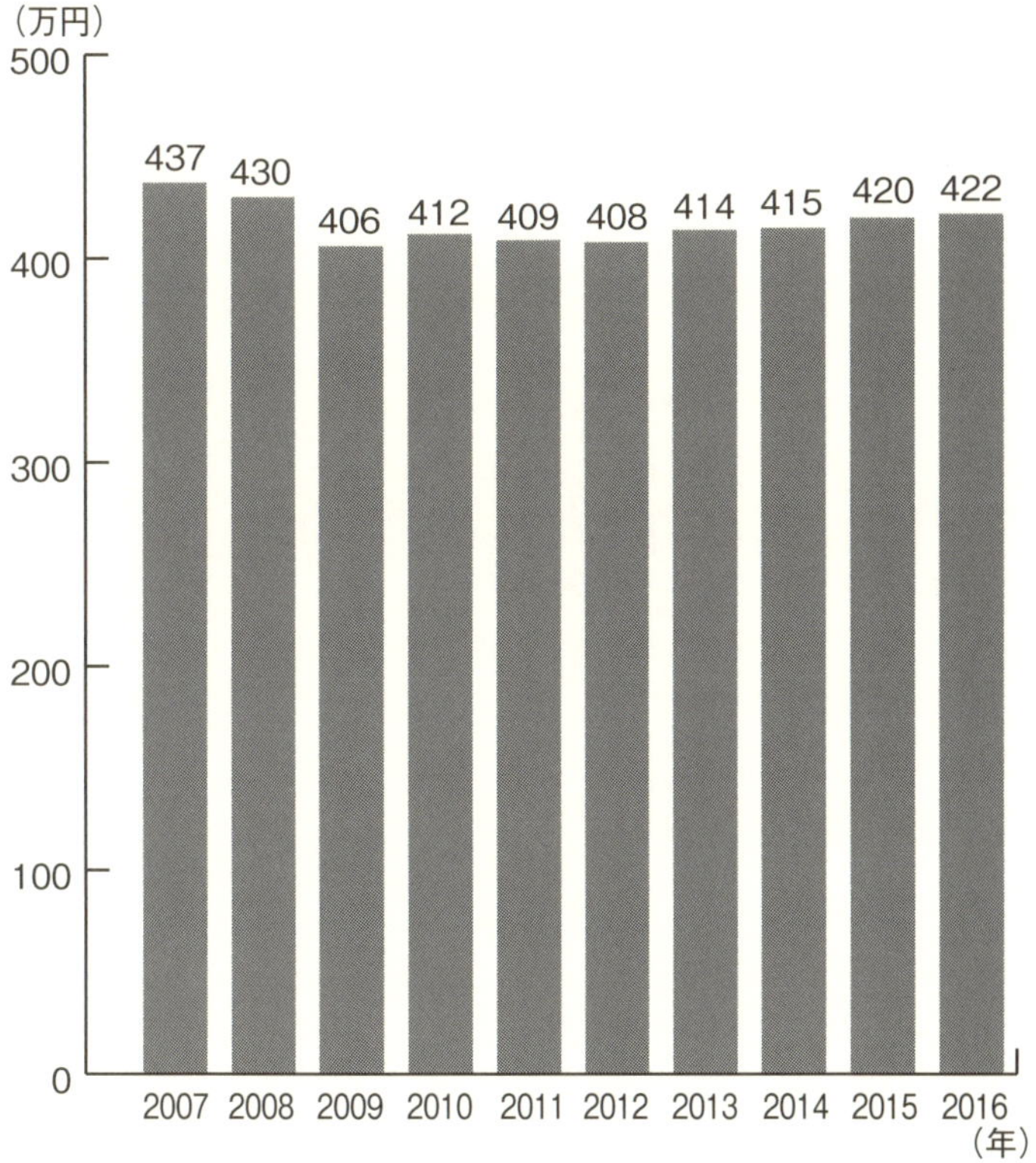

（国税庁「民間給与実態統計調査」より作成）

これは国税庁が実施している「民間給与実態統計調査」をもとに作成された**「サラリーマンの平均給与の推移」**を示したグラフになります。

このグラフを見れば、一目瞭然《いちもくりょうぜん》ですが、**直近の10年間でサラリーマンの給料はほとんど増えていません。**

もしも、あなたがサラリーマンだとしたら、こうした資料を持ち出すまでもなく、**「今後、いくらがんばっても、自分の給料はたいして増えないだろう」**ということを、肌で感じていらっしゃるのではないでしょうか？

例えば、私が副業のセミナーをする際、参加者の方々によく聞くのは、「なぜ、サラリーマンを続けていらっしゃるんですか」という質問です。

これに対し、ほとんどの方は**「毎月、安定した給料をもらえるからです」**と答えます。

たしかに、安定した給料というのは、サラリーマンの最大のメリットの1つといえるでしょう。

しかし、これはあくまでも「今の話」であって、**今後も安定した給料を会社か**

らもらえる保証は、どこにもありません。

日本がいわゆる**「高度経済成長期」**を迎えたのは、1950年代の半ばから1970年代の前半までのことです。

この時代は、会社に行けば、仕事がいくらでもあった時代で、その仕事をコツコツとこなしていけば、安泰の人生を送れる時代でした。

手厚い福利厚生が完備され、年功序列で年収も上がっていきましたから、あえて転職をしたり、副業をしたりする必要はありませんでした。

ところが、**1990年代のバブル崩壊を機に、日本の企業を取り巻く環境は激変します。**

ソニー、パナソニック、東芝といった、日本を代表する企業が次々に経営危機に直面し、大企業であっても、リストラによる人員整理が当たり前に行われる時代になりました。それとともに、ごく一部の優良企業をのぞいて、在勤年数に比例して給料が上がっていくこともなくなってしまいました。

こうした環境下では、安定した給料をいつまでも会社からもらえる保証はどこにもありません。

現在、政府は**「働き方改革」**によって、**残業を規制し、サラリーマンの副業を推進**しています。

多くの方は、働き方改革の表面だけを見て、「残業が規制されるのか。ああ、良かった」と感じていらっしゃるかもしれませんが、この改革は、もっと別の側面を見なければいけません。

私にいわせれば、働き方改革で残業が規制され、副業が推奨されるということは、つまり、**「これからの時代、自分の食いぶちは自分で稼いでくださいね」**と政府からいわれているようなものです。

これは裏を返せば、**「会社はもうこれ以上、あなたの面倒を見ることはできないかもしれませんよ」**ということです。

つまり、働き方改革というのは、**「自分の収入源を1つの会社にだけ依存をしていると、将来的に大変なことになるかもしれない」**ということを、暗に示唆しているのではないかと思うのです。

仮に、収入源を1つの会社だけに頼っていると、たとえ上司から、どんなに理不尽な指示を出されたとしても、それに従わなければなりません。

それは、キツい言い方をすれば、**奴隷と同じ**です。

少なくとも、この本を読んでいる読者の中で、「奴隷としての人生を歩みたい」という方は、ほとんどいないのではないでしょうか？

これからの時代は、**複数の収入源を持つことが大切**です。

そのことが「いつまでも安定した給料をもらえる保証はない」というリスクの回避につながります。さらには、あなたの収入を2倍、3倍、5倍、10倍に増やすことにつながるのです。

では、複数の収入源を持つためには、いったいどうしたらいいのでしょうか？

次項で説明します。

会社に依存する時代は終わった。
複数の収入源を持ち、
「会社の奴隷」から脱却しよう！

2★

「お金の増やし方」を知る

先ほど、「複数の収入源を持つことの大切さ」について述べました。

複数の収入源を持つことができれば、年収を2倍、3倍、5倍、10倍に増やすことも可能です。

いったいどうすれば、複数の収入源を持つことができるのでしょうか？

そのためには、まず「お金の増やし方」を知ることが必要不可欠です。

では、どのようにすれば、あなたは自分のお金を増やすことができるのでしょうか？

例えば、ベストセラーとなった『〈改訂版〉金持ち父さん貧乏父さん』（ロバート・キヨサキ著、筑摩書房刊）には、次のように書いてあります。

著者・市川の視点

本を読んで勉強することは大事ですが、わからないことは「知っている人」に聞いた方が手っ取り早いです。例えば、お金の増やし方がわからないのであれば、お金持ちの方に「ぜひ教えを請いたい」という手紙やメールを送ってみてはいかがでしょうか？　自らアクションを起こすことが大切です。

金持ちは資産を手に入れる。
中流以下の人たちは負債を手に入れ、資産だと思いこむ。

また、次のようにも書かれています。

資産は私のポケットにお金を入れてくれる。
負債は私のポケットからお金をとっていく。

では、ここ書かれている「**資産**」や「**負債**」とは、いったい何なのでしょうか？

この点を理解していただくためには、「会計」の知識、とりわけ「**貸借対照表**」（英語では「バランスシート」と呼ばれます）にかんする知識が必要になります。

貸借対照表というのは、簡単にいうと、「**会社が持っている財産**」と「**抱えている借金**」を**ひとまとめにした表**です。

「貸借対照表」とは？

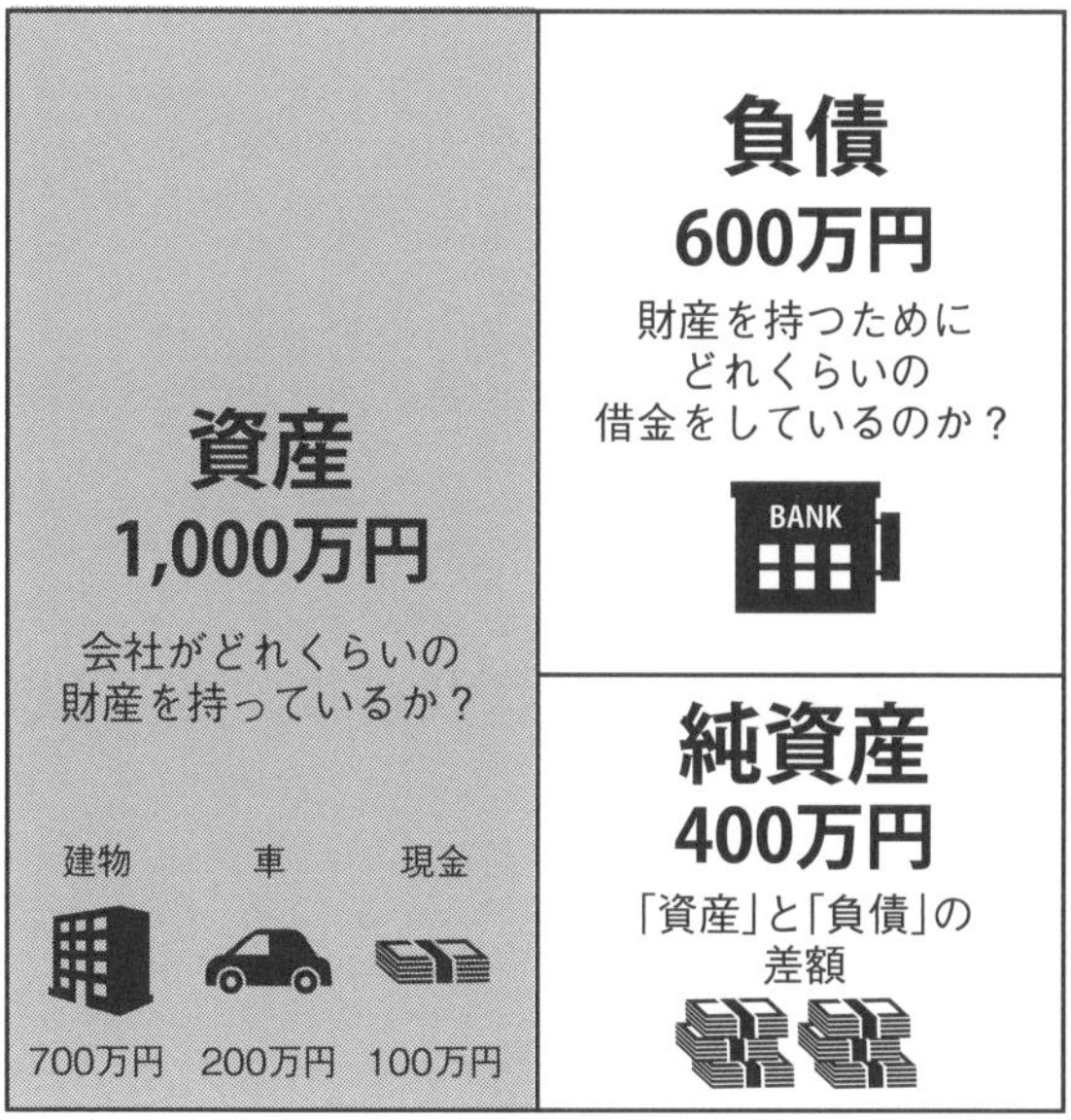

会社の財産状況がわかる！
貸借対照表の左右の合計金額は必ず一致する！

なぜ、こうした表が必要なのでしょうか？

例えば、投資家が自分のお金を会社の株式に投資する場合、その会社の財産状況を正確に把握する必要があります。

ここに現金で1億円を持っているA社と、現金で5億円を持っているB社があったとしましょう。

一見、現金で5億円を持っているB社の方が、お金を持っている会社のように思えます。

しかし、仮にA社が借金ゼロ、B社の持っている現金が全て借金だったとしたら、どうでしょうか？

この場合、「A社よりもB社の方がお金持ちの会社である」とは、一概にはいえません。

このように、**仮に多額の現金を持っていたとしても、それだけで「お金持ちの会社」と断定することはできない**のです。

もちろん、会社の資産が現金だけということはありえませんから、投資家が株にお金を投資する際には、「土地を持っているのか」「自社ビルを持っているのか」「そのためにどれくらいの借金をしているのか」といった点まで、細かく精査しなければなりません。

このように、**会社の財産状況を正確に把握するためには、その中身まで、しっかり把握しなければならない**のです。

会社がどれくらいの財産を持っているか？（＝資産）
その財産を持つために、いったいどれくらいの借金をしているのか？（＝負債）
「資産」と「負債」の差額は？（＝純資産）

そうした状況を一目で判断できるのが、「貸借対照表」です。

そして、貸借対照表は、会社だけでなく、**あなたの私生活にも応用することが可能**です。

あなたがどれくらいの財産を持っているか？（＝資産）
その財産を持つために、いったいどれくらいの借金をしているのか？（＝負債）
その差額は？（＝純資産）

では、貸借対照表をあなたの私生活に置きかえたとき、あなたにとっての「資産」や「負債」とは、具体的に何のことを指すのでしょうか？

例えば、あなたが３０００万円の借金をして、自宅を買ったとしましょう。そうすると、**「３０００万円の自宅」＝「資産」**、**「３０００万円のローン」＝「負債」**となり、**貸借対照表の左右は一致**することになります（できるかぎりわかりやすくするため、頭金やローンの金利などの細かい計算は省きます）。

さて、ここでもう一度、先ほどのロバート・キヨサキさんの言葉を思い出してみてください。

金持ちは資産を手に入れる。
中流以下の人たちは負債を手に入れ、資産だと思いこむ。
資産は私のポケットにお金を入れてくれる。
負債は私のポケットからお金をとっていく。

では、ここで質問です。仮に、あなたが借金をして自宅を買ったとしたら、その自宅は「本物の資産」といえるのでしょうか？

答えは「NO」です。

なぜなら、**自宅は基本的に、お金を生み出さない**からです。

その一方で、**「毎月のローン」**という形で、あなたの財布からお金を奪っていきます。

自宅を買うと、「これでようやく、自分も一家の主だ」とあなたは思うかもしれませんが、酷な言い方をすれば、それはただ**借金をして住んでいるだけ**です。

このように、「見せかけの資産」しか持っていないと、あなたはいつまでたっても、お金持ちになることはできません。

あなたがお金を増やすためには、「見せかけの資産」ではなく、「本物の資産」を持たなければならないのです。

会社というのは、一言でいえば、**「お金を生み出すための組織体」**です。

ですから、会社がお金を投資する際には、**「お金を生み出すものに投資をする」**というのが基本になります。

あなたがお金を増やしたいという場合も、会社と同じことがいえます。

あなたが自分のお金を増やしたければ、その投資対象は**「お金を生み出すもの」＝「本物の資産」**でなければなりません。

持ち家のような「見せかけの資産」に投資をしていては、いつまでたっても、お金を増やすことはできません。

では、お金を生み出す「本物の資産」とは、いったい何なのでしょうか？

お金を増やすために「本物の資産とは何か」を知ろう！

3 お金持ちが持っている「本物の資産」とは？

お金を生み出す「本物の資産」とは何か？

具体的にいうと、それは**「株」「債券」**といった金融資産や**「投資用不動産」「太陽光発電所」**といった実物資産です。


例えば、株を所有していると、基本的には**「配当金」**をもらえます。

投資用不動産を持っていれば、毎月の**「家賃収入」**がありますし、太陽光発電所を持っていれば、毎月の**「売電収入」**を得られます。

これらを保有していれば、毎月、もしくは毎年、あなたのポケットにお金が入ってきます。

つまり、これらが「本物の資産」であり、あなたが「お金を増やしたい」と思うのであれば、こうしたものに投資をしなければなりません。

もしも、あなたがサラリーマンであれば、**私が特にオススメしたいのは、「投資用不動産」と「太陽光発電所」**です。

なぜなら、これらは基本的に「ほったらかし」でも、自動販売機のように、お金を生み出してくれるからです。

忙しいサラリーマンの副業としては、最適といえるでしょう。

例えば、**株に投資**をしたとします。

東京証券取引所で株の売買ができるのは、朝の9時から昼の3時までです。

もしも、あなたがサラリーマンだとしたら、**勤務時間とバッティング**してしまいます。

仮に株の価格が急落したとしても、会社の勤務時間に株の売買を行うわけにはいきませんから、黙って見ているしかありません。

これは、あなたが主婦である場合も同じことです。

一度、投資を始めると、「その後の動向が気になって仕方がない」という人たちがいます。こういう人たちは、本来考えなくてもいい「余計なこと」を考えるため、たいてい失敗します。「ほったらかす」と決めたら、トコトンほったらかすことが重要です。

活動時間が「朝の9時から昼の3時まで」に限定されてしまうと、なかなか身動きがとれないという方も多いのではないでしょうか？

また同様の理由で、**ＦＸもあまりオススメできません。**

「ＦＸって何ですか」という方に簡単に説明すると、ＦＸは「Foreign eXchange」の略で、いわゆる**「外国為替証拠金取引」**と呼ばれるものです。

例えば、仮に1ドル＝１００円だったとしましょう。

あなたが1万円をドルに替えると、１００ドルを手にすることができます（本来、手数料がかかりますが、ここでは手数料はないものと考えます）。

この１００ドルを、仮に1ドル＝１１０円のときに、円に替えると、あなたはいくらを受け取ることができるでしょうか？

あなたは、１１０００円（１００ドル×１１０円）を手にすることができます。

つまり、為替取引（円とドルの交換）だけで、１０００円の利益を出せたわけです。

これがＦＸで稼ぐための「基本的な仕組み」になります。

私がＦＸをオススメしない理由は、月曜日の朝から土曜日の朝まで、基本的に24時間、常に相場が開いているからです。

為替相場というのは、通貨の種類にもよりますが、基本的に変動が激しいものです。

仮に勤務時間中に相場が変動してしまうと、サラリーマンの方は、即時に対応することができません。

例えば、信頼できる運用委託会社に運用を丸投げできるのであれば、やってもかまいませんが、自分でやるのは、あまりオススメできません。

また、為替相場は**「ゼロサムゲーム」**の世界です。

ゼロサムゲームとはいうのは、参加者全体の勝ち額と負け額が等しくなる、つまり、期待値がプラスマイナスゼロであることを指します。

簡単にいうと、**誰かが１００万円を儲《もう》ける一方で、必ず誰かが１００万円を損**

する世界です。

こうした世界では、億単位の金を動かすヘッジファンドも、例えば1万円で参加する小口の投資家も、同じ土俵で戦わなければなりません。

アリが大きなゾウに戦いを挑むようなもので、よほど運が良くないかぎり、勝ち目はないでしょう。

ですから、サラリーマンの副業としては、あまりオススメできません。

「最近話題の仮想通貨はどうなの？」

そのように思う方もいらっしゃるでしょう。

仮想通貨でお金を増やす方法は、主に2つあります。

1つは、ビットコインやイーサリアムなどの**上場通貨**（仮想通貨の場合、取引所で取り扱われるようになることを「上場」といいます）**を買って、値上がりを待つ**こと。

もう1つは、**未上場の仮想通貨を買って、上場益を狙う、いわゆる「ICO」**(Initial Coin Offering の略) **と呼ばれる手法**です。

その他にも**「マイニング」**や**「アービトラージ」**といった手法もありますが、初心者の場合は、主にこの2つといって差し支えないでしょう。

仮想通貨にかんしては、まだまだ未確定な部分が多く、どちらかというと、**「宝くじに近いものである」**と、私は考えています。

特に「ICO」にいたっては、事業計画が不明確なものや、投資をしたけれどもトークン（英語で「証拠」「代用通貨」を意味します）が発行されないなど、**詐欺まがいの案件が数多くある状況**です。

もちろん、取引所に上場すれば、大きな上場益を得られる可能性もありますが、ビジネスというよりは、一攫千金《いっかくせんきん》を狙う投機に近いものです。

ですから、**「これから副業を始めよう」という方のスタートの案件としては、オススメできません。**

あくまでも余剰資金がある場合に、宝くじを買うような感覚で手を出す程度にとどめておいた方が無難でしょう。

さて、こうした観点から、私は「投資用不動産」と「太陽光発電所」を特にオススメしていますが、次のように反論してくる方がいらっしゃいます。

「市川さんはそういうけれども、年収400～500万円しかないサラリーマンが、何千万円もする投資用不動産や太陽光発電所を持つのは、無理ですよ」

私にいわせれば、その認識は間違っています。

「サラリーマンが、高額な投資用不動産や太陽光発電所を持つのは無理」なのではありません。

「サラリーマンだからこそ、投資用不動産や太陽光発電所を保有することが可能」なのです。

その証拠に、**私自身もサラリーマンの立場を活かして、賃貸マンションを2**

棟、太陽光発電所を2基、融資を受けて購入しました。

これらは、**ほぼ「自己資金ゼロ」で手に入れた資産**になります。

なぜ、ほぼ「自己資金ゼロ」で、私はこれらの資産を手に入れることができたのでしょうか?

次項では、その仕組みについて、お話ししたいと思います。

「仮想通貨」は宝くじのようなもの。
「投資用不動産」か「太陽光発電所」が
初心者にとってはオススメ！

4★ サラリーマンの「最大の武器」とは？

なぜ、サラリーマンだからこそ、ほぼ「自己資金ゼロ」で、高額な投資用不動産や太陽光発電所を手に入れることができるのでしょうか？

その秘密は、**サラリーマンが持っている「社会的な信用力」**にあります。

例えば、「年収１０００万円の自営業の社長」と「年収５００万円のサラリーマン」がいたとしましょう。

投資用不動産や太陽光発電所を買う場合、銀行などの金融機関がお金を貸してくれるのは、いったいどちらでしょうか？

この場合、**銀行が優先するのは、間違いなく、「年収５００万円のサラリーマン」**の方です。

ひょっとしたら、あなたは意外に思うかもしれませんね。

でも、この事実を「年収1000万円の自営業の社長」の方々は、みんな知っています。だからこそ、**「いいなあ、サラリーマンはうらやましいなあ」**と、彼らは常に思っています。

しかし、なぜか、当のサラリーマンの方たちは「自分たちの信用力で、お金を借りることができる」という事実を知りません。

これは、本当にもったいないことだと思います。

ひょっとしたら、あなたは「うちの会社は、世間的に名前が知られていないし、年収も400~500万円くらいしかないから」と考えているかもしれません。

しかし、銀行の立場から見ると、不安定な「年収1000万円の自営業の社長」よりも、安定的な収入がある「年収500万円のサラリーマン」の方が、はるかにお金を貸しやすい。

つまり、**サラリーマンの最大の武器は、「社会的な信用力がある」ということであり、その信用力を背景に「借金ができる」こと**なのです。

ところが、多くのサラリーマンは、こうした「社会的な信用力がある」「借金ができる」という最大のメリットを、全く活かしてきれていません。

社会的信用を武器に、借り入れした資金で投資をして、安定的な収入を得る。本業以外の収入源を持つことで、「なかなか給料が上がらない……」「いつリストラされるかわからない……」といった不安を自ら解消させる。

これこそが、現代のサラリーマンに求められている「**積極的な生き方**」ではないかと思いますが、いかがでしょうか？

加えて、現在は、**歴史的な低金利**（金利については、のちほど説明します）で**資金を調達することが可能**です。

だからこそ、その信用力を背景に借り入れを行い、投資用不動産や太陽光発電所など、収益を生み出してくれる資産の購入を積極的に行うべきだと思います。

世間的に、**借金にはマイナスのイメージ**があります。

ですが、**借金を上回る収入さえあれば、それは全て、あなたのポケットに入っ**

てくることになります。

ですから、必要以上に借金を恐がる必要はありません。

しかし、私がこのような話をしても、日本人は民族性のせいか、教育のせいかわかりませんが、リスクを恐れて、実際に動く人はほんの一部にすぎません。

「市川さんはそういうけれど、やはり借金をするのは恐いです……」

「借金で投資用不動産を買うなんていったら、絶対に家族に反対されるから……」

そのようにいって、実際には動かない人が、ほとんどです。

でも、考えようによっては、だからこそチャンスです。

1章でお話ししましたが、成功するための秘訣は「いかにズラすか」＝「いかに他人との差別化を図るか」です。

他の人が借金を恐れて、なかなか動けないからこそ、逆にチャンスなのです。

先ほどお話ししたとおり、私は個人の名義で、賃貸マンションを2棟、太陽光発電所を2基所有しています。

このうち、賃貸マンション2棟にかんしては、銀行でフルローンを組みました。自己資金はゼロです。

また、太陽光発電所にかんしては、信販会社（銀行のようにお金を貸してくれる会社）から融資を受けました。

信販会社の融資がつくのは、発電設備だけで、**土地の購入代金にかんしては、自分で用意をしなければなりません。**

しかし、その額は**100万円程度**です。毎月少額でも貯蓄をすることで、お金がないサラリーマンでも、十分に捻出《ねんしゅつ》できる額だと思います。

さらに、**翌年の消費税還付で、土地代とほぼ同額の現金を回収することも可能**です。

では、投資用不動産や太陽光発電所には、どういったメリット、デメリットがあるのでしょうか？　それぞれ詳しく見ていきたいと思います。

借金こそ、サラリーマンの特権。
必要以上に借金を恐がる必要はない！

5★

「自己資金ゼロ」から資産を増やす方法①

さて、ここからは「不動産投資」や「太陽光発電所投資」について、お話をさせていただきますが、この本はそれらの専門書ではありません。

ですから、できるかぎりポイントを絞って、**初心者の方でも理解できるように、わかりやすく解説**をさせていただきたいと思います。

まずは**「不動産投資」**からです。

先ほどお話ししましたが、現在、私は2棟の賃貸マンションを所有しています。

この購入資金は、銀行でフルローンを組みました。

つまり、**私の自己資金はゼロ**です。

なぜ、銀行は不動産に対して、フルローンでお金を貸してくれるのでしょうか？

それは、銀行側の事情を考えてみると、よくわかります。

お金を貸す銀行側が「**一番恐れていること**」は何でしょうか？

それは「**お金を返してもらえないこと**」です。

当たり前のことですが、銀行側としては、「借金を踏み倒されるリスク」が一番恐いのです。

では、銀行側にとって、なぜ、不動産投資はお金を貸しやすいのでしょうか？

それは、「**不動産投資は土地や建物があるため、ゼロにはならない**」からです。

いざ、あなたの借金の返済が滞ったとしても、銀行側からすれば、土地や建物を担保でとって、売ってしまえばいい。そうすれば、借金の全額は無理でも、一部は回収することが可能です。

また、サラリーマンの場合は、「給料」という安定的な収入が、基本的には保証されています。

ですから、銀行としては、不動産投資はお金を貸しやすい。

だからこそ、信用力のあるサラリーマンにとって、不動産投資はチャンスであり、オススメなのです。

さて、不動産投資は大きく分けると、「**国内不動産**」と「**海外不動産**」に分けられます。

この中で、**私が初心者の方にオススメするのは、「国内不動産」**です。

海外、特に東南アジアの国々などは、まだまだ発展途上で、これからどんどん経済が発展し、人口が増えていく国が数多くあります。

それに伴い、不動産価格の上昇も見込めます。

しかし、発展途上の新興国の場合、その国の政府が**急なルール変更**をしたとしても、文句がいえません。**為替のリスク**も伴います。

そして何より、投資する際、融資を受けることが基本的には難しいため、**多額の現金が必要になるケースがほとんど**です。

そのように考えると、海外不動産は、投資というよりは、やや投機寄り、つまり、**ギャンブル寄りの性質**を持っています。

海外不動産に投資をする際の基本戦略は**「プレビルド」**になります。

「プレビルドって何」という方に説明すると、プレビルドは、その名のとおり「プレビルド」＝「建てる前」の意味で、**今後の価格高騰が期待できるプレミア物件を、建設前に予約購入するスタイル**のことです。

プレビルドの場合は、建物の完成時に、物件の価格が20〜30％上がることもあります。

ですから、購入者側にとっては、**「良い物件を安く買えるチャンス」**ということになります。

しかし、そうしたメリットの裏で、当然、リスクもあります。

プレビルドのリスクは、何といっても、**物件の選定が難しい**ことです。

変な物件をつかんでしまうと、**「建設計画が遅れる」「引き渡し後に借主が見つからない」「売却したいけれども、買い手が見つからない」**など、様々な問題が発生します。

プレビルドの場合、一般的には、契約時に20％程度のお金を前金として支払い、残りのお金を物件が引き渡されるまでに、分割して支払います。

この場合も、建物の建設が遅れるだけならまだしも、建設が中止になり、さらに支払ったお金が戻ってこない、というケースが実際にあります。

経済成長をしている新興国の場合、他のデベロッパー（開発業者）が中止になった工事を引き継ぐケースも見られますが、その保証はありません。

もちろん、リスクをとってでも、海外の不動産に投資をしたいという場合は、それを否定するつもりはありません。

海外不動産を購入して運用するだけでなく、居住権など、ビザが付与される物件もあるため、目先の収益だけでなく、不動産を取得することによる副次的なメリットが目的であれば、それでもかまわないと思います。

しかし、そうしたリスクを背負うよりも、**投資初心者のサラリーマンは、まずは国内不動産に投資をする方が無難**ではないかと、私は考えています。

海外不動産の場合、業者は「将来、ここに地下鉄が通る予定だから、今が買いです」といった営業トークを展開してきますが、実際に現地に足を運んでみると、現地の人に「そんなのは数十年先の話だよ」といわれるケースが多々あります。「夢の路線図」に惑わされないよう、注意しましょう。

ひょっとしたら、あなたは次のように思うかもしれません。

「日本では、これから人口が減りますよね？　それに伴って、不動産の価格も下がるんじゃないですか？　そんな時期に、日本国内の不動産に投資をして、本当に大丈夫なんですか？」

たしかに、おっしゃるとおりです。

その点について説明をする前に、まずは**不動産投資の基本的な考え方について、お話ししておきましょう。**

一言で「不動産投資でお金を増やす」といっても、その方法は、大まかに分けて2つあります。

1つは**「キャピタルゲイン」**、もう1つは**「インカムゲイン」**です。

それぞれについて、簡単に説明しましょう。

まず「キャピタルゲイン」ですが、これは、いわゆる**「売却益」**です。

不動産をある金額で購入し、それ以上の価格で売却することで得られる収入のことを指します。

例えば1億円で買った土地を、1億1000万円で売却したとしましょう。

この場合、キャピタルゲインは1000万円ということになります。

逆に土地が9000万円に値下がりして、1000万円の損失が出てしまった場合、これは**「キャピタルロス」**ということになります。

例えば、「2020年の東京オリンピックによる不動産価格の上昇を見越して、海外の投資家が、東京都心の不動産を買い漁っている」というニュースを目にしたことはありませんか？

これは基本的に「キャピタルゲイン狙いの投資スタイル」です。

これに対し、「インカムゲイン」というのは、購入した不動産の運用で得られる収入で、いわゆる**「家賃収入」**のことです。

キャピタルゲインと違って、インカムゲインは**「継続的に安定して得られる収**

入」になります。

インカムゲインにおいて重要なのは、**「金利」**です。

なぜなら、**月々のローンの返済額が、家賃収入を上回ってしまうようであれば、不動産投資をする意味がない**からです。

金利は、簡単にいうと、銀行に支払う**「お金のレンタル料」**です。

銀行からお金を借りる場合、あなたは借りた金額に加えて、「お金のレンタル料」、つまり、「金利」を支払わなければなりません。

この比率が低ければ低いほど、銀行に支払うレンタル料が少なくて済みます。

もちろん、お金のレンタル料は低いに越したことはありません。

ですから、**「金利をどれだけ低く設定できるか」も、インカムゲインを得るためには、非常に重要**です。

ここで1つだけ、あなたに注意しておきたいことがあります。

それは、悪質な不動産会社の場合、契約を取ることが最優先になり、融資の審査がそこまで厳しくないこともある、という点です。

そのかわりに、**高い金利で貸しつける金融機関を紹介する場合もあるので、注意が必要**です。

さて、ここまでを理解していただいたうえで、いよいよ本題に入りましょう。

サラリーマンが日本国内の不動産に投資をする場合、いったいどちらを狙って投資をすればいいのでしょうか？

キャピタルゲインでしょうか？

それとも、インカムゲインでしょうか？

もちろん、両方を得ることができるのなら、それに越したことはありません。

しかし、日本の人口減少を考えると、「これから全体的に不動産の価格は下がる」というのは、たしかにそのとおりで、**「キャピタルゲイン」＝「売却益」を狙うのは、なかなか難しい状況**にあります。

ですから、サラリーマンが国内不動産に投資をする場合、キャピタルゲインを狙うよりも、**「安定的な家賃収入」＝「インカムゲイン」を狙うのが基本**だと私は考えています。

いくら人口が減少したとしても、賃貸の需要は必ずあります。

実際に私が所有しているマンションでも、毎月、しっかりと利益が出ています。

重要なのは、「安定的な家賃収入を得られるかどうか」であって、そのための**「物件選び」が非常に大事**です。

では、いったいどんな物件を選べばいいのでしょうか？

私が**「絶対にダメ」と明確にいいきれるのは、「区分マンション」**です。

「区分マンション」というのは、簡単にいうと、マンションの1室を買って、それを他人に賃貸し、家賃収入を得る手法です。

なぜ、「区分マンションはダメ」といいきれるのでしょうか？

区分マンションの最大のデメリットは、**「リスクを分散できない」**という点です。

1部屋しかありませんから、仮に入居者がいなければ、家賃収入がゼロになってしまいます。

その一方で、毎月ローンを返済しなければなりませんから、収支がマイナスになってしまいます。

このリスクに対し、区分マンションをすすめてくる営業マンは、以下のような営業トークを展開します。

「いざとなったら(もし入居者がいなければ)、自分で住めばいいですから」

でも、よく考えてみてください。

あなたが区分マンションを買うのは、家賃収入で利益を得るためですよね?

これに対し、先ほどお話ししたとおり、持ち家というのは、基本的にお金を生み出しません。

投資物件と持ち家は、本来、明確に区別をしなければならないものなのです。

区分マンションは、入居者がいなかったら、投資としてはアウトです。

リスクの分散もできません。

そうしたデメリットを隠すため、営業マンは「いざとなったら、あなたが自分で住めばいいですから」というトークを展開してきます。

しかし、これは**投資物件と持ち家を混合させる「強引な理論」**で、私からすると、意味不明です。

そのような「謎の営業トーク」に騙《だま》されてはいけません。

区分マンションを避けるということは、つまり、**「マンションかアパートの1棟買いをする」**ということです。

1棟買いであれば、鉄筋コンクリートのマンションであれ、木造のアパートであれ、新築であれ、中古であれ、私はどれでもかまわないと考えています。

あとは、**「どんな物件を選ぶか」「どんな場所を選ぶか」が重要**です。

では、どのようにして、物件を選別すればいいのでしょうか？

著者・市川の視点

年収1000万円以下の場合、不動産の1棟買いは避けた方が無難かもしれません。最近、ある銀行の融資が問題になりましたが、低所得者に対し、不正な貸しつけを行うケースがあります（この問題は本当に闇が深いです）。手堅くいくなら、次節でご紹介する太陽光発電所投資の方がオススメです。

この点にかんして、私がアドバイスできるのは、**「不動産の良し悪しは基本的に、その道のプロにしか見極めることができない」**ということです。

「この物件は、駅から近いから良い」
「コンビニやスーパーが近くにあるから、良さそう」
「近くに大学や専門学校があるから、入居者に困ることはないだろう」

素人がいくらそのように思ったところで、物件の本当の良し悪しは、プロにしか見極めることができません。

プロは「目のつけどころ」が違います。

ですから、**「信頼できるプロをパートナーにできるかどうか」**が、**不動産投資を成功させるための第一歩**になります。

私自身、不動産にかんしては、信頼できる**「プロパティマネージャー」**に、ほぼ全ての業務を丸投げしています。

「プロパティマネージャー」というのは、不動産投資における「所有と経営の分離」という考え方から生まれた専門スタッフです。

彼らに任せれば、物件の紹介から管理まで、**全ての業務を高いレベルで実行**してくれます。

彼らに任せておけば、**基本的に「ほったらかし」で大丈夫**なので、だからこそ、サラリーマンの副業として、不動産投資は最適なのです。

では、こうした「信頼できるプロ」を見つけるためには、いったいどうしたらいいのでしょうか？

そのために必要なのは、まずはあなたが**「朝の時間」を活用して、しっかりと勉強をする**ことです。

先ほどお話しした、区分マンションをすすめてくる営業マンの強引なトークに騙されないように、**「この人のいっていることは、本当に正しいのかどうか」を選別できる眼**を養わなければなりません。

投資はあくまで自己責任です。

不動産投資を成功させるためのポイント

①海外より国内を狙う

海外は急な制度変更などがあるので、日本国内の方が無難。
これから日本国内の人口は減っていくが、
「物件選び」を間違えなければ、賃貸の需要は必ずある。

②区分は避け、1棟買いを狙う

リスクを分散できない区分は避け、
マンションかアパートの1棟買いを狙う。

③信頼できるプロと組む

「不動産の良し悪し」の見極めは、
基本的に素人では無理。信頼できるプロと組むことが大切。

また本を読むだけでなく、セミナーなどに参加し、**仲間を作ることも大事**です。「仲間を作ることの重要性」については、またのちほど、お話しします。

先ほど、「区分マンションはダメ」というお話をさせていただきましたが、1つだけつけ加えておくと、**区分マンションにもメリット**はあります。

区分マンションのメリットは、当たり前ですが、**マンションやアパートを1棟買うよりも安く買える**という点です。

住宅ローンを組めるため、低金利でお金を借りることもできます。

安いものだと、**2000万円程度で購入可能**でしょう。

しかし、現在では2000万円くらいで、太陽光発電所を買うことができます。

ですから、**私としては断然、太陽光発電所をオススメ**します。

なぜ、太陽光発電所への投資がオススメなのでしょうか?

次項では、その点を詳しく説明します。

不動産投資は、日本国内の１棟買いを狙おう！

6★

「自己資金ゼロ」から資産を増やす方法②

今、私が一番、あなたにオススメしたいのは、太陽光発電所を持つことです。

実は、私自身は、**太陽光発電にかんするプロ**です。

本業として、経済産業省や電力会社との交渉だけでなく、現地交渉や開発業務、大型案件の売買などに取り組んできました。

なぜ、今がオススメなのでしょうか？

その点について説明をする前に、**「太陽光発電でお金を稼ぐ仕組み」**について、まずは簡単に説明しましょう。

日本で再生可能エネルギーの**「固定価格買取制度」**が始まったのは、２０１２年のことです。

固定価格買取制度の実施方法を規定した**「FIT法」**が、2012年の4月に施行され、その年の7月から、再生可能エネルギー源を用いて発電された電力の買い取りが始まりました。

再生可能エネルギーというのは、**太陽光、風力、水力、地熱といった半永久的に利用可能で、しかも二酸化炭素の排出を伴わないエネルギー**のことを指します。

2012年に施行されたFIT法によって、国はこうした再生可能エネルギーで生み出された電力を**「国が定める固定価格」で20年間、電力会社に買い取るように義務づけました。**

なぜ、国はこうした電力を、電力会社に買うように義務づけたのでしょうか？

それは**「地球温暖化対策」として、再生可能エネルギー**（太陽光、風力、水力、地熱など）**の活用を、国として普及させたい**からです。

しかし、ここで1つ問題があります。

太陽光などの再生可能エネルギーは、基本的に発電コストが高く、市場の原理に任せたままでは、なかなか普及していきません。

そこで国が買い取りを保証することで、再生可能エネルギーの利用を加速させることを目指しました。

この結果、企業のみならず、**数多くの個人事業者が発電事業に参入するようになった**のです。


ただ一方で、国が買い取りを保証するということは、そこに**確実なビジネスチャンスが生まれる**ということです。

残念なことに、そこにつけ込む**詐欺まがいの案件**が一時期、続出しました。

例えば、他人の土地を**「発電所建設予定地」**として、無断で経済産業省の認可を取り、それを勝手に売りに出すような人たちがいました。

いざ権利を購入し、地権者（土地の所有権、もしくは借地権など、土地を使用する権利を持っている人のこと）のところに行くと**「そんな話は知らない。聞いていない」**といったトラブルが頻発したのです。

太陽光発電の「固定買取価格」の推移

2012年度	40円 （7月より実施）
2013年度	36円
2014年度	32円
2015年度	27円 （4〜6月は29円）
2016年度	24円
2017年度	21円
2018年度	18円

※低圧太陽光発電所の場合（10キロワット以上、50キロワット未満）
※1キロワット時当たりの価格

⬇

電力の買取価格は年々下がっている！

また、太陽光発電がニュースになるのは、たいてい「電線を盗まれた」とか、「台風で太陽光パネルが壊れた」といったマイナスの事件のときだけです。

ですから、あなたが「太陽光発電に投資をして、本当に大丈夫なの？」と思うのだとしたら、それは仕方のないことなのかもしれません。

しかし、**最近では法整備が進み、業界全体がかなり正常化**してきています。

だからこそ、私は**今が投資のチャンス**ではないかと考えています。

ちなみに、前ページの表にあるとおり、**1キロワット時当たりの電力の買取価格は、年々下がっています。**

低圧太陽光発電所（低圧については、のちほど説明します）で発電した電力の2018年度の買取価格は18円になりました。

このような話をすると、あなたはおそらく、次のように感じるのではないでしょうか？

「年々、買取価格が下がっているということは、年を追うごとに、利益が出なくなっているということですよね？」

たしかに、電力の買取価格は下がっていますが、この点にかんしては、**何の心配もありません。**

なぜなら、**技術の進歩によって、太陽光パネルなどの資材が安くなり、より低い投資金額で発電所を作ることが可能になっている**からです。

そのため、太陽光発電で得られる表面利回り（維持費などのコストを差し引く前の収益）は、実は、ほとんど変わっていません。

また、安くなるだけでなく、太陽光パネルの発電効率や耐久性も上がり、**より投資をしやすい環境**が整ってきています。

だからこそ、今の時点では、国の買取価格の低下を気にする必要はほとんどありません。

表面利回りは10％前後が妥当で、9.5～10.5％くらいの案件であれば、投資を検討してみてもいいでしょう。ただし販売会社によって、その数字を算出するためのロジックは異なります。案件にいきなり飛びつくのではなく、投資をする前に、第三者のプロに相談するのがベストです。

ただ、そうはいうものの、**今後の動向は不透明**です。

先ほど、「２０１８年度の買取価格は18円」というお話をさせていただきましたが、18円であれば、ある程度の利回りは確保できます。

しかし、今後はわかりません。

年々、電力の買取価格が下がる状況で、今後認定を取る案件であれば、２０１８年度の案件は、ひょっとしたら、**投資対効果の高い太陽光発電所を買う最後のチャンス**になるかもしれません。

だから、今こそ、太陽光発電への投資を検討するべきだと、私は考えています。


太陽光発電のメリットは、主に３つあります。


１つ目は、「**収益モデルが正確**」であることです。

例えば不動産投資の場合、空室があると収益モデルに変化が生じてしまいます。

これに対し、「**年間の日射量**」で収益が決まる太陽光発電には、そのリスクはほとんどありません。

なぜなら、スポットの年間の日射量は、NEDO（国立研究開発法人新エネルギー・産業技術総合開発機構）が出しているデータで、ほぼ正確に計測できるからです。

しかも、電力会社が固定価格で20年間、電力を買い取ってくれますから、これほど予測の立てやすいビジネスは、他にありません。

ですから、初心者にとって、太陽光発電は**「最も手堅い投資案件」**といえるのです。

2つ目のメリットは、**「比較的低い投資額で始められる」**ことです。

太陽光発電は、導入する規模によって、種類が変わります。

種類としては、**低圧**（発電量50キロワット未満）、**高圧**（50キロワット以上、2000キロワット未満）、**特高**（2000キロワット以上）**の3種類**がありますが、**サラリーマンの方が副業として始めるとき、ほとんどの場合は低圧**になります。

例えば、高圧になると、電気主任技術者をつけないといけませんが、低圧は規

太陽光発電所を購入する場所についていうと、北海道、東北、九州は避けた方がいいでしょう。なぜなら、これらの地域の発電所の一部は「発電をしても、万が一の場合は買い取りませんよ」という制約があるからです。初心者が投資をする場合は現状、制約のない関東、関西、中部などの方が無難です。

模が小さいため、その必要はありません。

そのため、**低圧の場合は、比較的簡単に所有することが可能**です。

先ほど、「太陽光発電所は、区分マンションの投資価格と変わらない」という話をさせていただきましたが、**低圧の場合、2000〜2500万円ほどで購入できます。**

太陽光発電所を建てる土地には、融資がつきませんが、発電設備にかんしては、信販会社でローンを組めます。

ですから、**土地さえ購入してしまえば、所有することが可能**です。

「土地を買う」といわれると、何だか大変なことに感じられるかもしれませんね。

でも、太陽光発電所を建てる土地というのは、こういっては失礼かもしれませんが、たいていは誰も見向きもしない**「田舎の土地」**ですから、**100万円程度で購入可能**です。

これなら、「お金がない……」という方でも、比較的簡単に購入できるのではないでしょうか？

また、3つ目のメリットとして、**「メンテナンスが楽」**という点もあります。

例えば、不動産の場合、20年くらい持っていると、それなりに修繕費がかかります。

鉄筋コンクリートのマンションの場合、修繕費に数百万円かかるということも珍しくありません。

この点、太陽光発電は周囲の草刈りなどは必要になりますが、**メンテナンスにかんしては、不動産よりもはるかに楽**です。

「メンテナンス会社」、つまり不動産でいう「管理会社」に任せれば、**月1万円、年間12万円程度で丸投げも可能**です。

「ほったらかしにできる」というのは、忙しいサラリーマンにとって、何よりの魅力といえるでしょう。

メリットばかりを強調しても仕方がないので、**デメリット**についても触れておきます。

デメリットは、主に3つあります。

1つ目に挙げられるのは、**「故障のリスク」**です。

故障すると、その間は売電収入が止まってしまいますから、この点は、太陽光発電のデメリットといえるでしょう。

しかし、**故障のリスクは、保険でほぼ回避することができます。**

しかも、万が一、故障によって機材を変更する際には、保険が適用され、**「新しい仕様の機材」**が導入されることもあります。

そうすると、**「発電効率が高まる」「耐久性が増す」**など、逆にメリットもあります。

ですから、故障の心配をする必要はありません。

現在、火災保険と損害保険の両方に入っても、**年間で10万円**くらいです。

信販会社によっては、一定期間の保険が自動付与されていることもあるので、故障のリスクを気にする必要は、ほとんどありません。

2つ目のリスクは**「良質な案件がかぎられている」**という点です。

世間的に見れば、太陽光の案件は数多くあるように見えるかもしれません。

しかし、プロの私の眼から見れば、自信を持ってオススメできる「良質な案件」は、本当にかぎられています。

本当に良い案件は、そもそも外販されません。

仮に一般公開されても、午前10時に売り出して、昼の12時には成約してしまうということも、よくあります。

買い手が多いため、良質な案件をつかむのが難しくなってきているというのは、太陽光のデメリットではないかと思います。

3つ目のリスクとして挙げられるのは、先ほどもお話ししましたが、**「詐欺まがいの案件」**です。

業界として、だいぶ正常化されてきてはいるものの、「これはないだろう」と思えるようなひどい案件は、いまだに散見されます。

では、そうした案件をつかまないためには、どうしたらいいのでしょうか？

電力会社が、あなたが発電した電力を買い取る開始日を「連系日」といいます。低圧太陽光発電所の場合、概要書（案件の詳細が書かれた書類）で「連系予定日」を確認しましょう。連系予定日が半年以上先、もしくは「未定」の場合、そもそも電力会社との交渉が未成立の可能性があり、要注意です。

そのためには、不動産投資と同様、**朝の時間を活用して、まずはあなた自身が勉強をすることが大切**です。

本を読んだり、インターネットで検索したりして、情報を収集し、まずは最低限の知識を身につけましょう。

また、不動産投資と同様、セミナーなどに参加して、**「信頼できる仲間」**や**「信頼できるパートナー」**を探すことも重要です。

では、「信頼できる仲間」や「信頼できるパートナー」は、いったいどうやって見つければいいのでしょうか？

次項では、その点について、詳しく説明します。

著者・市川の視点

怪しいネット広告や電話営業に騙されないよう、注意してください。そもそも優良な案件はたいてい、人伝手や仲間内で売れてしまうため、広告や営業は必要ありません。私のもとにも、頻繁に不動産投資の電話営業がかかってきますが、全てお断りしています。良い仲間を作り、信頼できるプロと組みましょう。

太陽光発電所投資のメリットとデメリット

メリット

①収益モデルが正確で手堅い

経済産業省が認定した発電所において、電力会社が
20年間、発電した電力を買い取る保証があるので、手堅い。

②低い投資額で始められる

土地の購入代（100万円程度）さえ用意できれば、
残金は融資を受けることが可能。

③メンテナンスが楽

管理会社に丸投げでOK。
メンテナンス費用は月１万円程度。

デメリット

①故障 → 保険でカバーをすることが可能。

②「良質な案件」はかぎりがある
③「詐欺まがいの案件」がある
→ 信頼できるプロと組めば安心。

太陽光発電所に投資をするのは、
今が最大のチャンス!

7★ 副業を成功させるための「3つの秘訣」

さて、ここからはあなたが副業を成功させるための「秘訣」について、お話ししましょう。

副業を成功させるための秘訣とは、いったい何でしょうか？

私は、主に3つあると考えています。

1つ目は、すでにお話をしているとおり、**「いかにほったらかしで利益を生み出すか」**です。

実は、この点にかんして、私は**失敗の経験**があります。

以前、私は**「物販」**を副業のメインにしていた時期があります。

具体的にいうと、**海外から仕入れた商材をインターネットで販売**していたのですが、商材が海外から届くのは、たいてい平日になります。

仕入れた商品はすぐにお客様のところに発送したいのですが、平日の昼間は、サラリーマンとしての本業があります。

そのため、商材を受け取ることができません。

仕方がないので、夜に配送センターに行き、台車を使って家まで商材を運び、そこから検品をして荷造りをする、という作業を毎晩行っていました。

しかし、深夜に荷造りを終える頃には、とうに配送センターは閉まっています。

そこで翌日、朝早くに起きて、出社前に配送センターに荷物を運び込む、ということを繰り返していました。

はじめのうちはそれでもよかったのですが、**取引の量が増えるにつれて、徐々に作業が追いつかなくなります。**

ついには半休を取って、商材を配送センターに取りに行く羽目になってしまい、**本業にも支障**をきたすようになってしまいました。

ひょっとしたら、あなたは次のように思うかもしれません。

「外注にすれば、そんな問題はすぐに解決するんじゃないですか？」

たしかに、そのとおりです。

私の場合も、手作業を物流会社に外注することで、問題は解決しました。

しかし、ビジネスの初期というのは、少しでも利益を上げることが何よりも優先されます。

そのため、できるかぎり、自分の手で行おうとするものです。

サラリーマンの方々が、手間のかかる副業に手を出してしまうと、私のように、時間に追われてしまうことになりかねません。

だからこそ、サラリーマンの副業は、「いかにほったらかしにできるか」が重要です。

できるかぎり自分の手をかけずに、**「業者に丸投げするだけで利益が上がるシ**

ステム」を構築することが、副業を成功させるための秘訣です。

2つ目は**「一発を狙わない」**こと、つまり、**「ホームランを狙わない」**ことです。

例えば、2000万円程度の太陽光発電所に投資をした場合、売電収入から様々な経費を差し引くと、手元に残るのは、毎年180万円くらいです。

そこから融資の返済を行っても、毎年、利益が残ります。

ひょっとしたら、あなたは「2000万円の借金の対価としては、ちょっと少ないな」と感じるかもしれません。

それでも、太陽光発電所を2基、3基と増やしていけば、収入も2倍、3倍になっていきます。

要は、コツコツとヒットを積み上げることが重要で、ホームランを狙う必要はありません。

それが、副業を成功させるためのコツではないかと思います。

そして3つ目は、**「副業について語り合える仲間を作る」**ことです。

サラリーマンが副業を始めようとする際、一番の障壁になるのは、**「情報のなさ」**です。

そして、何か情報を得たいと思っても、**「情報を得るための人脈」**も不足しています。

私が感じているのは、「良い仲間を作った人ほど、副業でうまくいっている」ということです。

副業といえども、ビジネスですから、**一番重要なのは、やはり人脈と情報**なのです。

アメリカの起業家であり、自己啓発も手がけるジム・ローンは、次のように語っています。

人間は長く時間をともにしている5人を平均した人生になっていく。

例えば、サラリーマンの場合、みんなが似たような生活を送っていますが、そ

著者・市川の視点

「人間的信用」と「ビジネス的信用」は、全く別物です。世の中には、人間的に信用できても、仕事の能力が不足している方がたくさんいます。ビジネスでお付き合いをする場合は、人間性だけでなく、「ビジネス的に信用できるのか」をしっかり見極めることが重要です。

れは基本的に、社内の人間としか付き合っていないからではないでしょうか？

もしも人生を変えたいのならば、社外の人たち、別業界の人たちとも、積極的に付き合っていかなくてはいけません。

よく「類は友を呼ぶ」といわれますが、私の経験でも、**人間の人生は「長く時間をともにしている5人」を平均したものになる**ような気がします。

3～4年前に私が主催するセミナーに参加し、そこで会社では出会わないような様々な仲間を作り、今は副業で成功しているという人たちが、たくさんいらっしゃいます。

当時、その方たちが何をやっていたかというと、**勉強した情報をお互いに持ち合い、答え合わせをする**ことです。

これは、とても重要なことです。

上の人から情報をもらうだけでなく、みんなで答え合わせをして、何が正解か

を探り合うことにこそ、意味がある。

私は、そのように考えています。

情報を交換し合うためには、何より、まずはあなたが勉強をしなければなりません。

人から情報をもらうためには、自分からも情報を発信することが大切で、「この人と付き合っていたら、何か良いことがありそうだ」と相手に思わせなければなりません。

そのためには、**勉強が不可欠**です。

そして、勉強をしながら、お互いに切磋琢磨《せっさたくま》し合う仲間というのは、中学生や高校生のように、一緒に成長していけます。

ですから、成長したあとも、一生の仲間として付き合っていくことができます。

それが、あなたの何よりの財産となるのです。

ここは本当に重要なので、ぜひ強調しておきたいです。私の経験でいうと、『ズレるが勝ち』（経済界刊）を出版してから、人脈と情報の幅が格段に広がりました。商業出版が無理でも、自費出版もありますし、ブログやSNSなど、媒体はたくさんあります。まずは、自ら情報を発信することが大切です。

では、そうした仲間は、いったいどこで探せばいいのでしょうか？

やはり、**オススメはセミナーに参加すること**です。

私のイチオシは「**朝の勉強会**」、すなわち「**朝会**」に参加することですが、朝だけにこだわる必要はありません。

終業後や休日などに参加できるセミナーがあれば、積極的に参加をしてみるといいでしょう。

また意外にオススメなのは、**海外のセミナー**に参加することです。

私は海外での視察ツアーを企画することも多いのですが、海外に行くと、人間は開放的な気分になることが多いようです。

時間を気にせず、海外の開放的な雰囲気の中で時間を共有することで、より仲良くなれる傾向があるように感じます。

ときには、思いきって、海外に足を運んでみるのもいいかもしれません。

仲間作りにおいて、1つだけポイントを挙げるとすると、**できるかぎり複数のコミュニティに参加した方がいい**でしょう。

1つのコミュニティにしか入っていないと、情報が偏り、考え方が固執してしまいかねません。

それを避けるためには、特定のコミュニティにこだわるのではなく、複数のコミュニティに参加をすることが大切です。

仲間がいることで、情報の答え合わせができるだけでなく、お互いに刺激をし合うことで、モチベーションも上がります。

私のセミナーで仲間を作り、情報交換をしている人たちに話を聞くと、「こんなに楽しく話ができるのは、初めてです」というような方もいらっしゃいます。

ぜひ、あなたも、**お互いにレベルを高めていけるような仲間**を作ってください。

「信頼できる仲間」を作り、
コツコツとやっていけば、
副業は必ず成功する！

8★

なぜ、「商いは飽きない」といわれるのか？

人間は、基本的に飽きっぽい生き物です。

飽きずに続けられるものがあるとしたら、それは**「自分が好きなこと」**だけではないでしょうか？

私がサラリーマンの本業のかたわら、副業でビジネスを続けているのは、心の底から**「ビジネスは楽しい」**と思えるからです。


少しだけ、私の経験をお話しさせていただくと、私がビジネスを始めたのは、中学1年生のときです。

最初に始めたのは、**「ファミコンソフトのレンタル業」**でした。

私はいわゆる「ファミコン世代」で、当時は新作のファミコンソフトが次々に発売されていました。

本体やソフトの購入は、自由に使えるお金が少ない中学生にとっては難しく、お小遣いで簡単に購入することはできませんでした。

しかし、その一方で、経済的に恵まれている家庭の子供たちは、親から買い与えられて、たくさんの新作ソフトを持っていました。

そうした同級生たちに「使っていないソフトあるなら、貸してほしい」とお願いをしても、「貸すのはイヤ。うちに来たら、やらせてあげるよ」というばかりで、簡単には貸してくれません。

そこで私は「無料で貸してくれないなら、お金を払うから、ゲームソフトを貸してくれないか」と提案しました。

すると、「それだったら、いいよ」と話に乗ってきてくれて、購入すれば数千円するソフトを、１００円で1週間、貸してくれることになりました。

このときに私が考えたのは、**「自分でお金を払って、ソフトを借りるだけではつまらない」**ということです。

そこで、私はその同級生が持っているゲームソフトのリストを作成し、ファミコンソフトのレンタル業を始めることにしました。

私と同様に、「新しいソフトを買いたいけれど、お金がないから買えない」と考えている同級生に、私は以下のように提案しました。

「このリストの中から1週間、200円で、好きなソフトを借りられるよ」

すると、みんな喜んでソフトを借りてくれました。

ソフトを借りた同級生は、「最新のゲームソフトを借りられて最高」といい、貸した側の同級生からも「お金をもらえるなら、こんなに良いことはない」と喜んでもらえました。

少額ですが、この仕組みを作った私にも、お金が入ってきました。

このときに私が感じたのは、**「自分が中心になることで、自分が楽しいだけでなく、まわりの人々にも喜んでもらえる。ビジネスは面白いな」**ということでした。

とても小さな商売でしたが、これが私の原点になります。

このときの快感が忘れられず、以降、私はビジネスの魅力にのめり込んでいくことになりました。

よく**「商いは飽きない」**といわれますが、**自分が起点となり、いろいろな方々に喜んでいただけるビジネスは、本当に楽しい**ものです。

そして、ビジネスを通じた「人とのつながり」を心から楽しむことができるからこそ、お金を稼ぐこともできるのではないかと思っています。

「やらされる仕事」「やりたくない残業」よりも、「自分がやりたい仕事」としてやるビジネスや副業は、はるかに楽しいものです。

あなたにもぜひ、ビジネスの楽しさ、副業の楽しさに目覚めていただければと思っています。

著者・市川の視点

よく「お金はあとからついてくる」といわれますが、昔の私は「そんなことはありえない」と思っていました。しかし、今ではその意味がよくわかります。信念を持って行動すると、それに応じた出会いがあり、ビジネスチャンスが生まれ、結果、お金になるのです。

ビジネスは自分が中心になり、
たくさんの人に喜んでもらえる。
だから、楽しく、結果として、
お金も稼げる！

3章

仕事のスピード&成果を10倍アップさせる方法

1★

「すぐやる人」になるための技術

2章では、「朝の時間」を活用して「お金を稼ぐ方法」について、お話ししました。

この章では、「朝の時間」という制約を取り払い、仕事の効率やスピードを上げて、より大きな成果を出すための**「仕事術」「思考法」「コミュニケーション術」**などについて、ご紹介したいと思います。

いずれも、**私自身が実践している方法**です。

まず、あなたに質問です。

あなたは、どういった優先順位をつけて、仕事を片づけていますか？

例えば、「面倒くさいな……」「イヤだな……」と思う仕事を、ついつい後回しにしていませんか？

私の場合は、**「面倒くさいな……」「イヤだな……」と思う仕事ほど、先に片づけるようにしています。**

理由は主に2つあって、1つはそうした仕事を後回しにすると、**非常にストレスがたまるからです。**そこでストレスをためるよりも、先にやってしまった方が得策だと私は考えています。

もう1つは、**「面倒くさいな……」「イヤだな……」と思う仕事ほど、たいてい重要度が高く、大事な仕事だからです。**

私にとっては、本の原稿を書く仕事などが、それにあたります。

何かのテレビ番組で、映画監督の宮崎駿さんが、**「大事なものは、たいてい面倒くさい」**と語っていましたが、まさにそのとおりです。

大事な仕事ほど、「面倒くさいな……」「イヤだな……」と感じるものであり、だからこそ、優先的にやることが重要なのです。

さて、ここで問題になるのが、「面倒くさいな……」「イヤだな……」という気持ちをどのように克服するかです。

どうすれば、こうした気持ちを克服して、仕事を先延ばしにすることを防ぐことができるのでしょうか？

例えば、集中力の専門家である森健次朗さんは『机に向かってすぐに集中する技術』（フォレスト出版刊）という本の中で、ある象徴的なエピソードを紹介しています。

子供向けの塾を経営していた森さんは、あるとき、**勉強ができる子とできない子の決定的な違い**に気づいたそうです。

両者の違いとは何か？

それは、**勉強ができる子は、「今、勉強をやりたいか、やりたくないか」という自分の気持ちとは無関係に、まずは「勉強をやる」という行動に移してしまう**そうです。

勉強ができる子は、勉強をしているうちに、「あれもやりたい」「これもやりたい」という形で、どんどんモチベーションがわいてきます。

一方、**勉強ができない子は、「やりたい」「やりたくない」というモチベーションに左右され、なかなか勉強に集中できない**そうです。

つまり、勉強のできる子が「**勉強**」↓「**感情**」の流れで動くのに対し、勉強ができない子は「**感情**」↓「**勉強**」の流れで動いているというのです。

私の場合、原稿を書く作業というのは、大変な労力を必要とします。

原稿には締め切りの期日があり、締め切りから逆算して、「ああ、今日は20ページぐらい書かないと、締め切りに間に合わないな……」などと考えると、ついつい「面倒くさいな……」という気持ちが先行してしまいがちです。

そうしたときほど、私は「**今日はタイトルだけを書けばいいや**」と考えて、とにかく机に座ります。

「今、原稿を書きたいか、書きたくないか」という感情に惑わされるのではなく、「タイトルだけでもいいから書く」と考えて、とりあえず目の前の作業に集中するのです。

そうして、実際にタイトルを書き出してみると、そのうちにいろいろなアイデアが浮かんできて、次第にパソコンを打つ手が止まらなくなります。

つまり、「感情」→「仕事」ではなく、**「仕事」→「感情」という流れが出来上がる**のです。


とにもかくにも、「面倒くさいな……」「イヤだな……」と感じるときほど、まずは手を動かしてみましょう。

手を動かせば、やる気はあとからついてくるはずです。


それが、**仕事を先延ばしせず、「すぐやる人」になるための秘訣**です。

「面倒くさいな……」と思う仕事ほど、
優先的にやろう。手を動かせば、
やる気はあとからついてくる！

2 あなたの「眠っている才能」を開花させる方法

野球は9人でプレーをするスポーツです。

攻撃の際、**1番バッターから9番バッターまで、それぞれの役割**があります。

ホームランバッターをそろえれば、勝てるチームになるかというと、決してそんなことはありません。

足が速い1番打者タイプの人間がいれば、バントなどの小技がうまい2番打者タイプの人もいます。

ホームランを打てる4番打者タイプの人間がいれば、打つのは下手だけれど守備は抜群にうまいといったタイプの人もいます。

強いチームを作るためには、お互いの長所や短所をうまく組み合わせなければなりません。

つまり、**強いチームを作るためには、それぞれの強みや弱みを補完し合う関係を作ることが重要**なのです。

なぜ、いきなり野球の話をしたのかというと、これは**野球にかぎらず、仕事にも同じことがいえる**からです。

仕事は、基本的に1人で成立するものではなく、チームプレーです。

それぞれの強みを活かし、弱点を補完し合うことで、仕事の成果を最大限に高めることができます。

そこで、私があなたに問いたいのは、次の質問です。

「あなたの強みは何ですか？」

よく「私には何のとりえもない」という人がいますが、決してそんなことはありません。

誰にでも、必ず強みがあります。

もしも、あなたが「自分には何のとりえもない」と思うのだとしたら、それはただ、自分の**「本当の強み」**に気づいていないだけです。

あなたの中の**「眠っている才能」**を開花させ、仕事で最大限の成果を上げるためには、まずは自分の「本当の強み」に気づかなければなりません。

では、どうすれば、自分の「本当の強み」に気づくことができるのでしょうか？

あなたは**「ジョハリの窓」**をご存知でしょうか？

これは**「潜在的な自分」**を知る方法として、心理学者であるジョセフ・ルフトとハリー・インガムが体系化したものです。

例えば、友人に**「お前って、こういうところがあるよね」**といわれて、驚いた経験はありませんか？

人間というのは、自分の性格をよくわかっているようで、実は、あまりよくわかっていないものです。

ジョセフとハリーは、こうした対人関係の中で「自己の性格がどのように認識されているのか」を、以下の**4つのジャンルに分類**しました。

ジョハリの窓

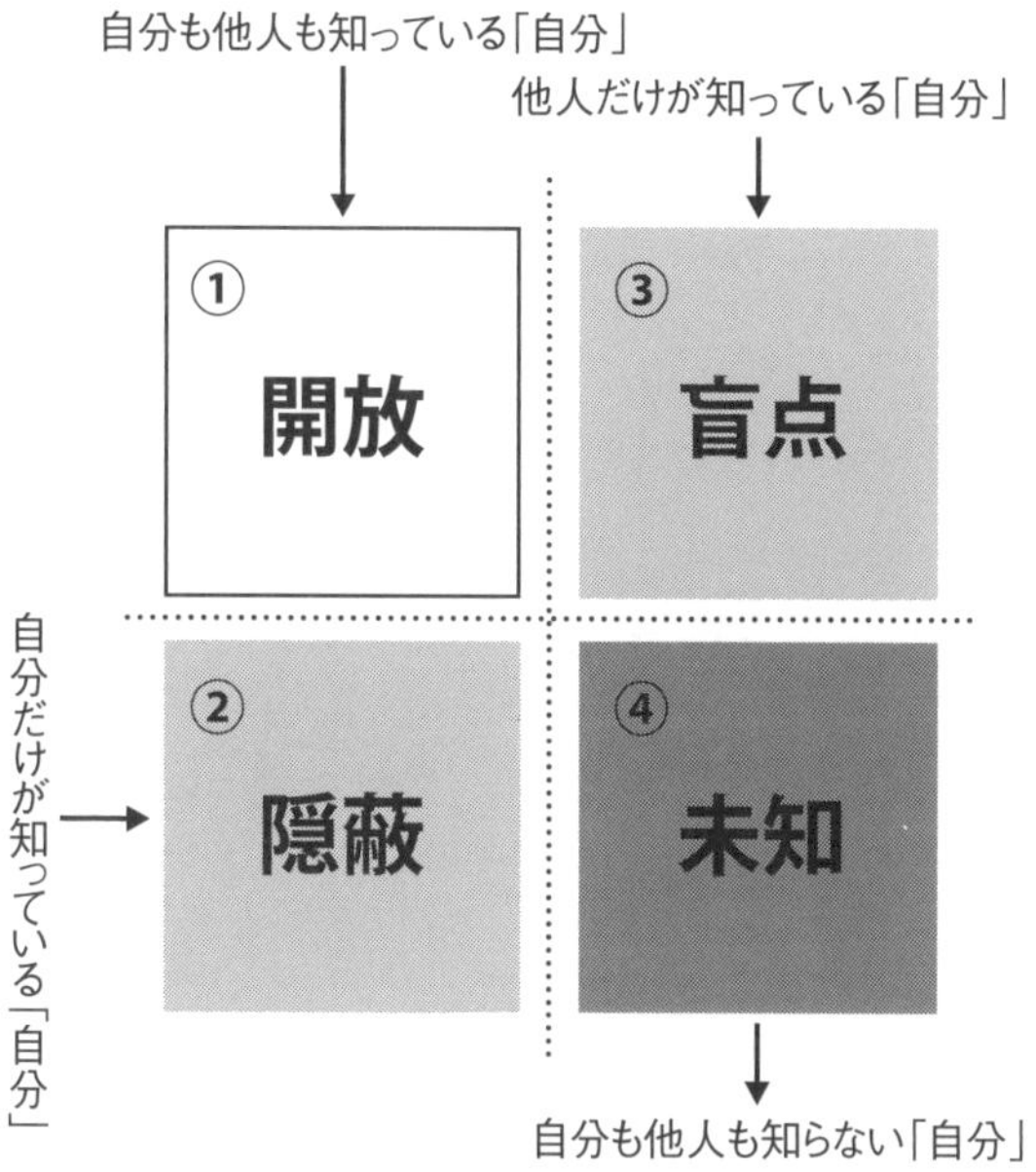

対人関係において、
「自己の性格がどのように認識されているのか」
は４つに分類できる！

①自分も相手も知っている「開放領域」
②自分では気づいているが、表に出していない「隠蔽領域」
③相手は気づいているが、自分では気づいていない「盲点領域」
④自分も相手も気づいていない「未知領域」

これが、いわゆる「ジョハリの窓」です。

あなたが友人に「お前って、こういうところがあるよね」といわれて驚くのは、③の**「盲点領域」**があるからです。

自分の本当の強みを知るためには、この「盲点領域」をできるかぎり小さくしなければいけません。

では、いったいどうすればいいのでしょうか?

私は今までに10回の転職を経験していますが、もしもあなたが20代、30代であれば、一度転職をしてみるといいかもしれません。

転職をすると、自分で強みと思っていたことが、転職先でまったく通用しないということが、よくあります。また逆に、**「自分の意外な強み」＝「盲点領域」**に気づいたりするようなことも起こりえます。

転職は良くも悪くも、自分を見つめ直す良いきっかけになります。

とはいえ、家族や子供がいると、「そんなに簡単に転職できない」という方もいらっしゃるでしょう。

そうした方にオススメなのは、**「自己ＰＲ」や「職務経歴書」を書く**ことです。

就職活動の際、あなたは「エントリーシート」を作成した経験があると思いますが、あの要領です。

社会人になると、日々の仕事で忙しくなり、なかなか自分を見つめ直す機会を持てず、自分の本当の強みを見失ってしまいがちです。

ですから、**自分を見つめ直す機会がないのであれば、意図的にそういう機会を作る**しかありません。

そのために必要なのが「自己ＰＲ」であり、「職務経歴書」です。

「自己ＰＲ」や「職務経歴書」が完成したら、ぜひ、家族や友人に見せてみてください。

そうすると、「どちらかというと、あなたはこういうところが強みなんじゃないかな」といった形で、**思いもよらないアドバイス**をくれる人が必ず出てきます。

そのアドバイスが、ジョハリの窓でいう「盲点領域」を減らし、自分の「本当の強み」に気づくことにつながるのです。

さて、ここまでを踏まえたうえで、私が本当に問いたいのは、以下の質問です。

「あなたは、自分の強みを活かした仕事をしていますか？」

はっきりいってしまうと、**新卒でたまたま就いた仕事があなたの天職である可能性は、かぎりなく低い**と思います。

あなたの才能を開花させ、仕事の成果を最大限に高めるためには、自分が「1

番打者タイプ」なのか、それとも「4番打者タイプ」なのかを見極め、それに適した仕事に就くのが、一番の近道です。

もしも、あなたが「今の会社は辞められない」というのであれば、副業で自分の強みを活かす道を模索してみてはいかがでしょうか？

「私は何のとりえもない」という方にも、ビジネスのチャンスは必ずあります。

自分の強みを活かし、ビジネスを構築することができれば、今の会社に依存をする必要はなくなるかもしれません。

「20世紀最高の経営者」と称されたジャック・ウェルチは、『ウィニング　勝利の経営』（日本経済新聞出版社刊）という本の中で、次のように書いています。

天職を探し当てたら、仕事は趣味になる。

あなたの中の「眠っている才能」を開花させ、仕事の成果を最大限に高めるために、ぜひ、あなたの「本当の強み」を見直してみてください。

自分の「本当の強み」を知るため、
あえて「自己ＰＲ」や「職務経歴書」を
作ってみよう！

3★ 新しいビジネスを生み出す「企画力」の磨き方

仕事で成果を出し続けるために必要なこと。

それは、**どんどん新しいことに挑戦する**ことです。

その際に必要になるのが、新しいビジネスを生み出すための「**企画力**」です。

では、企画力を磨くためには、どうすればいいのでしょうか？

そのために欠かせないのは、何よりもまず「**情報収集**」です。

では、いったいどうやって、新しい企画を立てるための情報を収集すればいいいのでしょうか？

そのヒントは「**日常生活の中にある**」と、私は考えています。

例えば、電車やバスで移動をする際、音楽を聞いたり、スマートフォンでゲームをしたりする方が多いと思いますが、私は極力、そうしたことはしません。五感を集中させて、目の前にいる乗客たち、中吊り広告、外の景色などを、つぶさに観察するようにしています。

この作業で得られる情報は、インターネットと違い、自分から興味を持って調べたものではありません。

こうした情報収集は、**自分とあまり縁のない話や、これまで全く興味がなかった情報を収集するきっかけ**になります。

また、私はできるかぎり書店に足を運ぶようにしています。

なぜなら、**書店というのは、情報の宝庫**だからです。

書店に行ったとき、あなたはどのジャンルに足を運びますか？

ビジネス書でしょうか？

小説でしょうか？

それとも、マンガでしょうか？

一般的には、興味のある売り場に行き、欲しい本や雑誌を立ち読みしたり、購入したりすると思います。

しかし、私の場合、まずは**「自分が興味のないジャンル」**に足を運びます。

これが、**書店で効果的に情報収集をするコツ**です。

例えば、私は「金融」「ビジネス」「投資」などのジャンルに興味がありますが、書店に入っても、すぐにこれらの売り場にはいきません。

興味のある売り場を後回しにして、あまり興味がないジャンル、自分にかかわりのないジャンルの売り場に行きます。

そして、毎回、異なるジャンルにチャレンジしています。

例えば、「天文」「手芸」「美容」といった、あまり興味がないジャンルのコーナーにこそ、私はあえて足を運ぶようにしているのです。

そもそも、ジャンルとして売り場が確立されていたり、雑誌が発行されたりしているということは、そこに**「確実な需要」**があるということです。

自分が全く知らない世界であったとしても、**「ニッチな世界」**というのは、ただ認知されていないだけで、確実に市場が存在します。

そして、そうした市場こそ、中小の事業者がほんの数社で独占していることも多いため、**やり方次第で、ビジネスチャンスが生まれることも多い**のです。

こうした情報収集で、私のビジネスがうまくいった例として挙げられるのは、ビジュアル系のバンドやコスプレをする人たちが使う**「特殊な色のヘアカラー剤」**との出会いです。

ある日、私は書店のファッション関連のコーナーで、雑誌を片っ端から斜め読みしていました。

すると、素人目線で見ても、明らかに異彩を放っている**「あるヘアサロン」**の写真が目につきました。

直感で「面白そうだな」と感じた私は、その日の夕方に、お客として、そのヘアサロンに実際に足を運んでみることにしました。

すると、偶然、そのヘアサロンのオーナーから**「この特殊ヘアカラー剤の販売網を拡大したい。何か良い方法はないか」**という話を聞かされました。

「非常に魅力的な商材だな」と感じた私は、翌日に再度、ヘアサロンに足を運び、その商品を私の方で販売させていただくことになりました。

思いがけず、私はこの商品の販売網を構築することになったのです。

そして、主力商品の1つとして、**当時の売上向上に大きく貢献**してくれました。

これは、非常にうまくいった一例ですが、その起点となったのは、書店で「興味がないジャンルの雑誌」をチェックしたことだったのです。

拙著『ズレるが勝ち』（経済界刊）にも書かせていただきましたが、**現在は「所有」から「活用」に時代が移っています。**

例えば、工場を1つも持たずに、世界有数の企業であるアップルを作り上げた**スティーブ・ジョブズ**が、その典型例といえるでしょう。

ジョブズが持っていたのは、**全世界を魅了するビジョン**でした。

明確なビジョン、明確なアイデアさえあれば、それに賛同する工場の経営者たちは、いくらでも集まってきます。

あえて自分で工場を所有しなくても、自分が必要としているモノが自然と集まってくるのです。それを活用すればいいのです。

いずれにしても、新しいビジネスや企画のヒントとなる情報は、日常生活の中にいくらでも転がっています。

例えば、**「奥さんの何気ない一言」**が、新しいビジネスや企画の起点になることだって、ありえない話ではありません。

ただボーッと目の前の現象を眺めているのではなく、**どんな事柄からも積極的に情報を収集しようとする姿勢が大切**です。

そして、ここからが本当に大事なのですが、そこで気づいたことは、**メモを取ることが重要**です。

なぜ、メモを取ることが重要なのでしょうか？

新しいビジネスや企画のヒントは「日常生活」の中にある！

4★ 小さな変化に気づく「感性」の磨き方

「はじめに」でお話ししましたが、私は裕福な家庭の生まれではありません。「お金がない」＝「選択肢がない」ということを身にしみて感じていた私は、**「選択肢を増やすためには、自分で稼ぐしかない」**と考えていました。

ですから、**中学生の頃から、「何か自分で始められるビジネスはないか」と考えて、常にＡ４のノートを持ち歩いていました。そして、日常生活の中で気づいたことを、全てメモすることを習慣にしていました。**

Ａ４のノートは、中学から大学を卒業するあたりまで、常に持ち歩いていました。

現在では、スマートフォンで代用をすることも多くなりましたが、メモをする習慣は、今でもずっと続けています。

なぜ、メモを取ることが大切なのでしょうか？

その効用は、主に３つあると考えています。


１つ目は、メモをすることによって、**「覚えていなければならない」というストレスから解放される**という点です。

仮に、どんなに良いアイデアが浮かんだとしても、「あとで調べよう」と思っていたとしても、メモをしておかなければ、人間は基本的に忘れてしまいます。

いつまでも覚えておこうとすると、他のことを考える余裕がなくなり、そのこと自体がストレスになりかねません。

メモを取ることで、そうしたストレスから解放されるのです。


２つ目は、メモを取ることによって、**「思考が整理される」**という点です。

私はコンサルタントを本業にしているため、パワーポイントを使って、クライアント向けに資料を作成する機会が数多くあります。

その際にも、いきなり資料作りを始めることはしません。

まずは、レポート用紙を用意し、必要事項をバーッと書き込み、思考を整理してから、資料作りを始めます。

バーッと書き出すことが、思考の整理に役立つのです。

これと同様で、メモしたことをあとで振り返ってみることは、自分の思考を整理することにつながります。

そして、3つ目が一番重要なのですが、メモを取ることによって、**「何かを感じることがクセになる」**という点が挙げられます。

1章で、「運命を変えるために大切なのは、小さな変化に気づく感受性である」という話をさせていただきましたが、**感受性を磨くために必要なのが、メモを取ること**です。

例えば、ブログやフェイスブックを毎日更新している人がいますが、そこで何かを書くためには、必ず何かを感じなければなりません。

つまり、書くこと、メモを習慣にすることで、日常生活の中で何かを感じることがクセになり、ひいては、**感じることを習慣化することができる**のです。

例えば、ＡＫＢ48の産みの親として有名な秋元康さんは『秋元康の仕事学』（ＮＨＫ出版刊）という本の中で**「一行日記」**という手法を推奨しています。

一行でいいから、毎日、日記を書いてみる。そうすると、日々、何かを感じなければならず、感じることが習慣になります。

感じることが習慣になれば、日々の小さな変化に気づくことができるようになるでしょう。小さな変化に気づけば、変化に間に合うこともできます。

「メモを取れといわれても、何をメモすればいいのか、よくわからない」という方は、秋元康さんが推奨する「一行日記」から始めてみてはいかがでしょうか？

このように、メモを取ることは様々な観点から、非常に大切です。

手書きの方が、感覚的に脳が働く気がしますし、記憶にも残りやすいため、**手書きがベストですが、スマートフォンなどで代用してもかまいません。**

仕事で成果を上げるために、ぜひ、メモすることを習慣化してください。

メモをする習慣で思考を整理し、
「小さな変化に気づく感受性」を磨こう！

5★

「意外なアイデア」を生み出す方法

仕事やビジネスで成果を出すためのアイデアは、ただ単に情報収集をして、それをメモすれば生み出せるというほど、単純なものではありません。

当たり前ですが、**収集した情報を分析し、思考する時間が大切**です。

朝の時間帯は、現在の私にとって、新しいアイデアを生み出すための重要な時間帯になっています。

そうはいっても、ただ単に、朝の時間帯に仕事やビジネスのアイデアを考えればいいのかというと、そんなことはありません。

朝の時間帯にアイデアを生み出すために、私は工夫をしています。

では、いったいどんな工夫をしているのでしょうか？

著者・市川の視点

新しいビジネスのアイデアは、思い立ったら、すぐに実行することが大切です。ビジネスの世界は、競争です。自分が今、思いついたアイデアは、他の人も思いついていると考えるべきです。いざ思い立っても、実行する人はごくわずか。勝負を分けるのは、スピードです。

その工夫は、主に2点に集約できます。

1つ目は、「**夜の時間帯に寝床で考える習慣**」です。

なぜ、寝床で考えることが大切なのでしょうか?

それは、**人間の脳は、寝ている間に思考を整理する**からです。

夜の時間帯に考えるときのポイントは、「**結論を出さないこと**」です。

夜の時間帯というのは、基本的に脳が疲れています。

ですから、寝床で思いつき、「これは素晴らしいアイデアだ」と思ってスマートフォンにメモをしておいたとしても、翌朝に振り返ってみると、「**なぜ、こんなくだらないアイデアを考えたのかな**」と思えるようなものがほとんどです。

これは、脳の機能が落ちているときに生み出したアイデアだからでしょう。

そうではなくて、夜の時間帯は「**これは、どうすればいいのかな**」と**考えるだけで十分**だと思います。

結論を出す必要はありません。

結論を出さなくても、寝ている間に、脳は思考を整理しています。

ですから、夜、寝床で考える習慣を持つと、朝起きたときに、パッと発想が思い浮かぶことが、頻繁に起こります。

だからこそ、**夜の時間帯に、「これはどうしたらいいんだろうか」と、自分の脳に疑問を投げかけておくことが重要**です。

もしも、「寝床で考えると、眠れなくなってしまう」という方は、お風呂の時間などを活用してもいいかもしれません。


実は、これは脳の専門医である築山節先生が、著書『脳が冴える15の習慣』（NHK出版刊）で提唱されている方法で、築山先生も実践していらっしゃるそうです。

脳の専門家の眼からみても、夜の時間帯に適度に考えるのは、とても理にかなったやり方なのです。

2つ目は、**「散歩の習慣」**を持つことです。

例えば、京都の銀閣寺の近くに**「哲学の道」**というのがあるのを、あなたはご存知でしょうか？

これは、京都の小道が、ドイツのハイデルベルクにある「哲学者の道」に似ていたことから、名づけられたそうです。

では、なぜ、「哲学の道」と名づけられているのでしょうか？

それは、**古代から、哲学者のような「考える人たち」は、散歩をすることを習慣にしていた**からです。

例えば、かの有名なソクラテスが、悪妻として名高いクサンティッペの小言を避けるために、外を散歩しながら思索をしていたというのは、有名な話です。

また、ニュートンが散歩中に「万有引力の法則」を生み出したというのも、非常に有名な話です。

このように**「アイデア」と「散歩」というのは、相性が良く、「思いもよらないアイデア」を生み出すために、とても都合が良い**のです。

先日、ＮＨＫスペシャルで脳の特集をやっていたのですが、人間の脳の電気信号を調べてみると、**「ひらめき」を得るときの脳の状態は、「ボーッとして何も考えていないとき」の脳の状態と酷似している**そうです。

何かをひらめくときも、ボーッとしているときも、人間の脳は、電気信号が脳の表面にある**「大脳皮質」**にまで達しているそうです。

大脳皮質は**「記憶の断片」**が保管されている場所です。**ボーッとしているときに、新たなアイデアが浮かびやすいのは、電気信号が大脳皮質に達し、「記憶の断片」を自由につなぎ合わせているから**だそうです。

昔の哲学者たちが、ボーッと歩きながら発想を得ていたのは、ひょっとしたら、こうした脳の仕組みを経験的に知っていたからなのかもしれません。

私自身も、朝の時間に机にかじりついているだけでなく、軽く散歩をすることがあります。

また、就業時間中も1～2時間ごとに休憩をとり、社内や社外をボーッと歩き回るようにしています。

リフレッシュをするのとともに、新たな着想を得るためです。

いずれにしても、朝の時間帯は、脳が一番リフレッシュしているため、アイデアを生み出すために最適な時間帯です。

ただし、その時間帯を最大限に活用するためには、工夫が必要です。

そのために必要なのが**「夜に考える習慣」**であり、**「散歩をする習慣」**なのです。

ぜひ、日々の習慣として、取り入れていただければと思います。

アイデアを生み出すためには「寝床で考えること」と「散歩」が大事！

6★

アイデアがまとまらないときの「思考の整理術」

何度もお話ししているとおり、私はこれまでに10回転職をしていますが、ある会社に在籍していたときの話です。私は同僚から、次のようにいわれました。

「机の上に何もないから、もう会社を辞めたのかと思いました」

私は思わず、苦笑いをしてしまいました。

転職を繰り返していますから、そう思われても仕方がないのですが、そう同僚からいわれるくらい、私は机の上にモノを置きません。

なぜ、モノを置かないのでしょうか？

一説によると、**人間は探し物に、1日25分間を割いている**そうです。

これは、時間のムダ以外の何物でもありません。

探し物をしないで済むようにするためには、整理整頓《せいとん》が大事ですが、私は**整理整頓をする時間すらムダ**だと考えています。

では、整理整頓をしないで済ませるためには、どうしたらいいのでしょうか？

例えば、ホテルの部屋は、キレイに整っています。

なぜ、キレイなのかといえば、それは必要最低限のモノしか置いていないからです。

モノを持たなければ、机や部屋が汚れることはありません。

ですから、整理整頓をしないで済ませるためには、**基本的にモノを持たなければいいい**のです。

2011年に東日本大震災が起こった際のことです。

私はいつでも海外に避難できるように、「自分にとって本当に必要なモノは何か」を徹底的に見つめ直してみました。

そのときに思ったのは、「**パスポートとパソコン、それと、ちょっとした着替えさえあれば、他には何もいらないな**」ということです。

会社からいつでも成田空港や羽田空港に直行できるように、しばらくの間、私はそれらをリュックにつめて、会社に通勤していました。


例えば、大地震がきて、今すぐ家から避難しなければならないとしましょう。

あなたは、家から何を持っていきますか?

あなたにとって、本当に必要なモノは何ですか?

そのように考えてみると、自分の身のまわりが、いかに不要品で囲まれているかに気づくはずです。


「**居は気を移す**」といいます。

机や部屋の状態は、そのまま自分の頭の中や心の状態を表しています。

つまり、**机や部屋が汚い人は、思考がバラバラで、心の状態も乱れている**ということです。

思考のまとまりがなければ、仕事で良い発想など生まれるはずがありません。

机や部屋など、まわりの環境をキレイに整えていくと、思考が整理され、不思議と心の状態も安定してくるものです。

一昔前、ニューヨークの地下鉄では犯罪が絶えませんでした。

しかし、当時の市長が号令をかけて、落書きを消し、大掃除を実施したところ、犯罪数が激減したというのは有名な話です。

思考を整理し、仕事を効率化させるために、まずは机の上や部屋の掃除から始めてみてはいかがでしょうか？

居は気を移す。
「本当に必要なモノは何か」を
一度、真剣に考えてみよう！

7★ 良好な人間関係を作るための「話し方＆メール術」

ヘンリー・フォードといえば、アメリカでフォード・モーターを創設して、自動車の大量生産を可能にし、中流階級の人々が乗ることができる自動車を開発・生産した成功者として知られています。

あるとき、若者たちから**「成功の秘訣は何ですか」**と聞かれたヘンリー・フォードは、次のように答えたといいます。

> **成功の秘訣というものがあるとしたら、それは他人の立場を理解し、自分の立場と同時に、他人の立場からも物事を見ることができる能力である。**

私は**「コミュニケーションの要諦《ようてい》」**は、このヘンリー・フォードの言葉に集約されていると考えています。

良好な人間関係を築くために必要なことは、何よりも「**相手の立場に立って、物事を考えること**」です。

ここでは、私が考える「**良好な人間関係を築くためのコミュニケーション術**」について、いくつか述べてみたいと思います。

初対面の人に対して、私は必ず実行していることがあります。

それは、**話しかけるときに、積極的に名前を呼ぶ**ことです。

例えば、ただ単に「ご出身はどちらですか」と聞くのではなく、「**○○さんは、ご出身はどちらですか**」といった形で、必ず名前を呼ぶようにしています。

私の場合、面談の機会が多く、たくさんの人たちと面談をしていると、ついつい名前を忘れてしまいがちです。

ですが、こうして積極的に名前を呼ぶことで、**あえて覚えようとしなくても、相手の顔と名前をしっかりと頭の中にインプット**することができます。

例えば、次にお会いしたときに、相手から「えーと。お名前は何でしたっけ」といわれたら、あまり良い気分はしないですよね？

自己啓発の大家であるデール・カーネギーは『人を動かす』（創元社刊）という本の中で、**「名前は、当人にとって、もっとも快い、もっとも大切なひびきを持つ言葉である」**と書いています。

人間にとって、名前は重要です。

だからこそ、相手の名前を覚えることは、良好な人間関係の初歩であり、そのために有効なのが、あえて積極的に名前を呼ぶことなのです。

また、初対面で私が重視しているのは、**「自分がどんな人間なのか」「自分はどんなことをしているのか」を1分間で簡潔に説明する**ことです。

再三お話ししているとおり、私は時間を何よりも大切にしていますが、自分が時間を大切にしている以上、**相手の時間も尊重**しなければなりません。

ダラダラと話すことは、相手の大切な時間を奪うことでもありますから、極力避けなければなりません。

3分間スピーチというのがありますが、相手の話を3分間も一方的に聞くのはかなり苦痛で、私の感覚では、3分間は長すぎます。

話はできるかぎり1分以内に、簡潔にまとめることが大切です。

これは、メールの書き方にも同じことがいえます。

よくダラダラと長いメールを書いてくる人がいますが、**長いメールは、書く人の時間だけでなく、読む人の時間も奪います。**

もちろん言葉足らずなのはいけませんが、**メールはできるかぎり短く、簡潔にまとめるべき**です。

また、メールという点でいうと、私はどんなメールも、**基本的に24時間以内に返信**することを心がけています。

仮に返事をするのに時間がかかるようなメールにかんしては、私は「あとで考えて返信します」とだけ返します。

なぜ、そうした対応をするのかといえば、メールを送った側は、今か今かと返事を待っているものだからです。

例えば、私が「こんな案件がありますよ」というメールを送ったとしましょう。それに対し、相手から1週間ぐらい返事がないと、私としては「興味がないのかな」と感じてしまいます。

メールを受け取った側としては、ただ考えているだけなのかもしれませんが、私としては、そうした相手の状況を知りようがありません。

このように、**メールが返ってこないと、人間はいろいろ余計なことを考えてしまう**ものです。

ですから、相手の立場を考えて、私はできるかぎり早い返信を心がけています。

例えば、商談の際、相手がトイレに立った瞬間に、私はスマートフォンでメールをチェックするようにしています。たった数分間でも、「あとで考えて返信します」という内容のメールは、簡単に送れるからです。

メールはぜひ、迅速な返信を心がけてください。

それが良好な人間関係につながります。

相手が年下とわかると、態度が急変する人がいますが、これは人間関係の妨げにしかなりません。最近、私は年下の方と一緒にビジネスをする機会が多いのですが、年下の方から学ぶことも数多くあります。「どんな人からも学ぶことがある」という謙虚な姿勢が大切だと思います。

話は1分でまとめる。
メールはできるかぎり簡潔に。
良好な人間関係は、
相手の立場を考えることから始まる！

8★ 仕事で成果を出すための「お酒の意外な飲み方」

良い人間関係を作るためには、お酒も重要です。

私はお酒が好きです。

ですから、できれば出会って2回目、3回目ぐらいまでには、お酒を一緒に飲みに行きたいと考えています。

ここでは、お酒の効用について、少し触れてみたいと思います。

世の中では「お酒は夜飲むもの」という考え方が一般的です。

ですが、実は、**「お酒は夜飲むよりも、朝飲む方が肝臓に負担がかからない」**という事実を、あなたはご存知でしょうか？

著者・市川の視点

初対面の飲み会だと、なかなか出てきませんが、私は「酒席での愚痴」を重視しています。例えば、上司に対する愚痴、パートナーに対する愚痴など。なぜなら、「不満の解消」はビジネスになるからです。愚痴の中に、何かビジネスのヒントはないか？　私は常に考えています。

次ページをご覧ください。

これは、**肝臓の「1日のバイオリズム」を示したグラフ**です。

このグラフをご覧いただければ、一目瞭然ですが、**肝臓の分泌機能のピークは午前中で、午後にかけて、急激に低下**していきます。

欧米では、昼食時にワインを飲む習慣がありますが、これは肝臓のバイオリズムや体の負担を考えると、実は、非常に理にかなっているのです。

先日、会員制雑誌である『選択』(選択出版社刊)の2018年1月号に、非常に面白い記事を見つけました。

何が面白いのかというと、アメリカ在住の内科医である大西睦子先生の連載で『不養生のすすめ』というコラムがあります。そこに**「飲むお酒の種類によって、その後の気分や感情が違う」**と書かれていたのです。

この記事は、大西先生が、ウェールズ公衆衛生局のキャスリン・アシュトン博士らの論文に基づいて書いたそうですが、その論文によると、**赤ワインやビールを飲んだあとは「リラックスする」と感じる人が多かった**そうです。

肝臓のリズム（一般例）

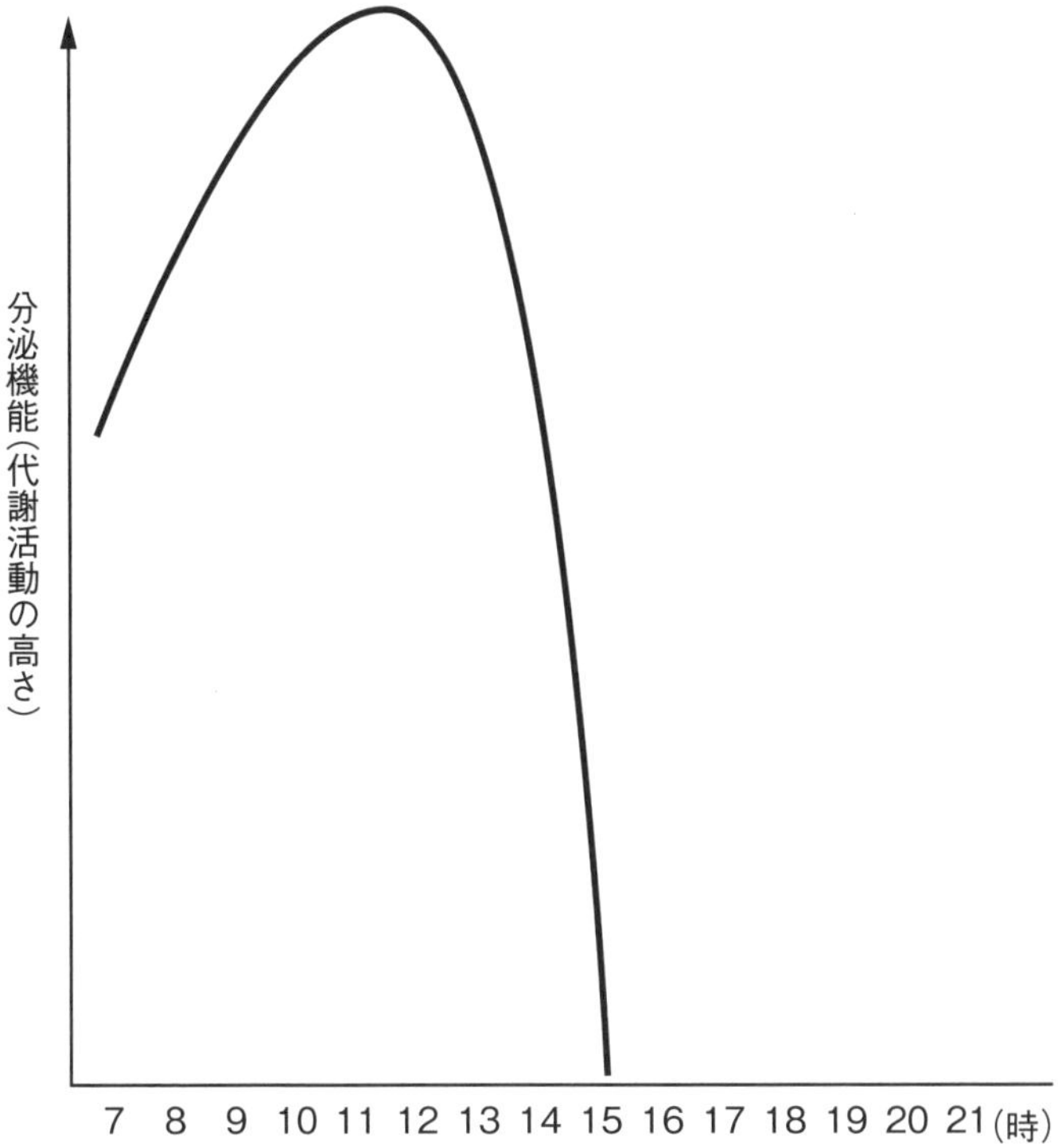

（池田充宏著『「食べる時間」ダイエット』〈徳間書店刊〉より抜粋して作成）

これに対し、**蒸留酒を飲んだあとは「エネルギッシュな気分になる」と感じる人が多かった**そうです。

ちなみに、白ワインには、赤ワインやビールのようなリラックス効果を感じる人は少なかったそうです。

この研究結果をもとに考えると、例えば朝にお酒を飲む場合、**「今日はリラックスして過ごしたいな」と思うときは、赤ワインやビールがいい**でしょう。

逆に**「今日はエネルギッシュに過ごしたいな」と思うときは、焼酎やウイスキーといった蒸留酒を口にする方が効果的**であるといえそうです。

実は私も、早朝や昼食時の打ち合わせの際、リラックス効果を得るために、仕事に支障のない範囲で、ビールを口にすることがあります。

サラリーマンの場合、平日の朝からお酒を飲むわけにはいきませんが、例えば休日の朝などに、ぜひ、試してみてはいかがでしょうか？

もちろん、「飲み過ぎて、1日何もできない」というのでは元も子もありませんから、**「朝からの飲み過ぎは厳禁」**ということは、ここに付記しておきます。

気分を変えるため、休日に「朝のお酒」を試してみよう！

9★

失敗のすすめ

さて、この章の最後は「失敗のすすめ」というタイトルで、今、がんばっているあなたにエールを送りたいと思います。

たった一代で幻冬舎という巨大出版社を創り上げた見城徹さんは、サイバーエージェントの藤田晋さんとの共著『人は自分が期待するほど、自分を見ていてはくれないが、がっかりするほど見ていなくはない』（講談社刊）の中で、次のように書いています。

現状維持は楽だ。人は今日と同じ明日に、心地よさを感じる。今日と違うと、不安になる。あるいは、慣れていないために面倒だと思う。しかし、今日と違う明日を迎えない限り、人は新しい風景に出会えない。日々新しい風景に出会い続けることが、生きるということだ。進歩するということだ。「お前がまだ一度も見たことがない原色があるよ」と言われたら、僕は地の果てでも見に行きたいと思う。

私も見城さんと同じ心境です。**新たなビジネスチャンスがあるならば、私は東南アジアの山奥だろうが、アフリカの僻地《へきち》だろうが、どこにでも飛んで行きたい**と思っています。

大学時代、私は学生新聞の記者をやっていた時期があります。

そのときにOBの方からいわれていたのは、「**5000円を使って、居酒屋に10回飲みに行くんだったら、5万円を使って、銀座の高級クラブに1回飲みに行きなさい**」ということでした。

拙著『ズレるが勝ち』（経済界刊）にも書きましたが、大学時代、私は携帯電話の販売会社をはじめ、数々の事業を行っていたため、学生にもかかわらず、それなりの収入を得ていました。

ベンツのSクラスを買い、スーツはアルマーニといった生活を送っていました。

今では「そんなことは無意味」ということに気づき、高級車に乗ることも、ブランド品を身につけることもやめてしまいました。

すっかり物欲がなくなってしまいましたが、そうした経験自体は、自分にとって価値のあるものだったと、今でも思っています。

例えば、何も経験をせずに、「高級車に乗っても、意味がない」という人がいますが、それだと自己成長がありません。

何事も、まずは自分で経験してみることが大切です。

それが自分の幅を広げること、ひいては、**自己成長**につながります。

ですから、**「新しい何か」を経験するためであれば、私はいくらでもお金を使いたい**と考えています。

新しいチャレンジに、失敗はつきものです。

「失敗をしたらどうしよう……」と思う気持ちは、誰でも同じです。

しかし、失敗を恐れて、何も挑戦しなければ、失敗をしないかわりに、成功することもありません。

ぜひ、この本を読んでいるあなたには、失敗を恐れず、様々なことにチャレンジしていただければと思っています。

1つだけ気をつけていただきたいのは、失敗をする際に、**致命傷を負ってはいけない**ということです。

例えば、副業を始める際に、生活のためのお金も全てつぎ込んでしまうというのは、ビジネスではなく、ギャンブルです。

失敗すれば、生活費も失い、致命傷になりかねません。

いかに大ケガをしないように転ぶか？

そして、**転んだ際に何を学ぶか？**

それが肝心です。

世の中の既存概念は、刻々と変化しています。一昔前、テレビゲームは遊びにすぎませんでした。しかし今では、ゲームを極めれば、それで食べていくことも可能です。結果を気にせず、あなたが「今、これをやりたい」と思うことに、ぜひチャレンジしてみてください。

致命傷さえ負わなければ、あなたは何回でもチャレンジをすることができます。**チャレンジを続ければ、いつか必ず成功を手にすることができる**はずです。

私にも、**数々の失敗の経験**があります。

例えば、数年前に、私はビジネスパートナーとともに、東南アジアのある国から、ビールを輸入しようと計画していたことがあります。

ビジネスパートナーの伝手で、私はその国に到着した翌日に、三大ビール会社の社長と面談をすることができました。

一介のサラリーマンである私が、日本でいえば、アサヒ、キリン、サントリーの社長と1日の間に面談できたわけですから、本当に驚きました。

そのうちの1社と「日本での独占販売契約」を結び、帰国後、さっそくビールを輸入するための準備を始めました。

しかし、実際に計算をしてみると、採算が合わず、その他にもいろいろな問題が出てきて、最終的には契約を破棄し、輸入を断念せざるをえなくなりました。

面談をセッティングしたり、契約書を作成したりするなど、いろいろと現地で動いてくれたビジネスパートナーには、今でも申し訳なく思っています。

しかし、失敗をしたからこそ、**「次は絶対にうまくやろう」**という意欲もわいてくるものです。

失敗というのは、あくまでも過程にすぎません。

例えば、サッカーの試合を思い浮かべてみてください。

あなたのチームが前半戦を終わった段階で、1対0で負けているとしましょう。

この試合は、もう負けなのでしょうか？

そんなことはありませんよね？

後半戦で2点を取れば、2対1で逆転できます。

失敗もこれと同じことです。

仮に前半戦で負けていたとしても、後半戦で逆転すれば、それは負けにはなりません。

失敗というのは、あくまでも現時点での話であって、それを次に活かせば、その失敗は、失敗にならないのです。

ですから、先のビール事業のビジネスパートナーとは、**「次は必ずリベンジしましょう」**と常々、話をしていました。

実は、今、あなたが読んでいるこの本は、そのビジネスパートナーが企画し、一緒に協力して制作をした本で、いわば、我々のリベンジマッチになります。

今、この本を読んでいるあなたは**「ビールの話が、なぜ、出版につながるのか」**と思うかもしれませんが、人生は、おそらくそういうものなのだと思います。

どこで、何が、どうつながるのかは、誰にもわかりません。

だからこそ、**人生は面白い**のだと思います。

ベストセラー作家の本田健さんは、『読むだけで心がラクになる22の言葉』（フォレスト出版刊）の中で、次のように書いています。

著者・市川の視点

私の信条は「誘われたら基本的に断らない」です。実際に誘われて行ってみると、怪しい団体の勧誘だったこともありましたが、それはそれで勉強になりました。あなたの運命を変えるのは、最終的には「人との出会い」です。ぜひ、身近なご縁を大切にしてください。

人生では、1つのドアが閉まれば、その勢いで、また別のドアが開くようになっている。

まさに、そのとおりです。

失敗をすればするほど、成功をするための知識と人脈が広がります。

失敗を恐れず、ぜひ、いろいろなことにチャレンジしてみてください。

人間は、挑戦しなくなったら終わり。
挑戦し続ければ、
いつか必ず成功できる！

おわりに

世の中には、自己啓発の本があふれていて、数々の本がベストセラーになっています。

今、あなたが読んでいるこの本も、大きなジャンル分けでいえば、「自己啓発書」ということになるのではないかと思います。

この本を書くにあたり、私は経営者、コンサルタント、脳の専門家、心理学の専門家など、あらゆるジャンルの方々が書いた、いわゆる「自己啓発書」に目を通してみました。

その中で感じたのは、**「自己啓発書の要点」は、実は、たった一言でいい表すことができるのではないか**ということです。

では、一言でいうと、「自己啓発書の要点」とは、いったい何なのでしょうか？

それは、**「いかに今の自分を壊すか」**ということです。

極端な話ですが、あなたが今の考え方や行動を全て変えてしまえば、あなたは確実に今の自分を壊すことができます。


例えば、あなたがレストランに行ったとしましょう。

注文するのは、おそらく一番食べたいものですよね？

そこで、**あえて一番食べたくないものを注文**してみる。

もしも行きつけの居酒屋があるのだとしたら、あえて違う場所に行ってみる。

もしくは、今、勤めている会社を思い切って辞めてしまう。

そうしたことを1つひとつ実践していけば、あなたは確実に変わるはずです。


要は、「いかに今の自分を壊すか」が大事です。

ある人は、そのためのノウハウを**「脳の観点」**から語り、ある人は、そのためのノウハウを**「潜在意識の観点」**から語ります。

ある人は、そのためのノウハウを**「心理学の観点」**から語り、ある人は、そのためのノウハウを**「自身の経験」**から語ります。

世の中には、いろいろな自己啓発書がありますが、はっきりいってしまえば、違いはそれだけのような気がします。

一番大切なのは「いかに今の自分を壊すか」であり、今の自分を壊すことさえできれば、脳や心理学の細かい知識は必要ありません。

もちろん、それらの知識を否定しているわけではなく、脳や心理学の知識がなくても、今の自分を変えることは十分に可能だという意味です。

その証拠に、**成功している人というのは、自己啓発書を読むことに、あまり時間を割きません。**おそらく何冊読んでも、中身に書かれている要点は、それほど変わらないからでしょう。

私が成功者かどうかは別にして、私自身も、普段は自己啓発書の類を全く読みません。

要は、いかに今の自分を壊すことができるか？

それが、全てだと思います。

では、どのようにすれば、今の自分を壊すことができるのでしょうか？

私がこの本を通じて、一貫して主張してきたのは「**朝8時までの習慣を変えることで、人生が変わる**」ということです。

習慣を変えれば、今の自分が壊れます。

習慣を変えることで、あなたの人生は劇的に変わるのです。


私が、この本であなたに一番お伝えしたかったこと。

それは、「**私自身は、特別なことをしているわけではない**」ということです。

「サラリーマンでありながら、副業で11社の経営に携わっている」というと、何か特別なことをしているように、あなたには感じられるかもしれません。

しかし、この本でお話ししてきたように、**私が実践してきたのは「早起きの習慣」であり、その時間をコツコツと積み重ねてきただけ**なのです。

中国の古典として有名な『荀子《じゅんし》』に、次のような名言があります。

驥《き》は一日《いちじつ》にして千里《せんり》なるも、駑《ど》馬《ば》も十駕《じゅうが》すれば則《すなわ》ちまたこれに及《およ》ぶ。

驥とは、1日に千里走る「名馬」のこと。

これに対し、駑馬は「駄馬」、つまり、「ダメな馬」のことを指します。

どんなにダメな馬であっても、10日間走り続ければ、名馬の1日分に追いつくことができる。

この名言は、そうした教訓を現代人に遺しています。

今、この本を読んでいるあなたは、私と同じく、おそらく凡人でしょう。

しかし、**たとえ凡人であっても、10日間続ければ、天才の1日分に追いつく**ことができます。

自己啓発書では、「3週間続ければ、習慣として定着する」と書いているものが多いようですが、私の感覚では、3週間は長すぎます。

まずは10日間でいいので、「早起きの習慣」を実践してみてください。

そこから、あなたの人生が劇的に変わり始めるはずです。

最後になりますが、私は**「市川清太郎公式ホームページ」（https://www.ichikawaseitaro.com）**で、様々な情報を発信しています。

こちらに随時、最新情報を更新していますので、ご興味のある方はぜひ一度、ご覧になってみてください。

最後に、この本の制作にかかわってくださった全ての方々、ならびに、この本の販売に携わってくださるサンクチュアリ出版営業部や全国の書店員の皆様に、深く感謝し、筆を置きたいと思います。

そして、何より、この本を読んでくださったあなたへ。

いつか、あなたと直接お会いできる日を、心から楽しみにしております。

この本を最後まで読んでいただき、本当にありがとうございました。

著者略歴

市川清太郎（いちかわ・せいたろう）

経営コンサルタント。1978年生まれ。現役のサラリーマンながら、副業で複数の事業を立ち上げ、国内外で11社の会社を経営している「次世代型」のサラリーマン。

4歳のときに父親を亡くした経験から「人生の時間にはかぎりがある」と感じ、時間の大切さを実感。以後、「時間の有効活用」に徹底的にこだわるようになる。学生時代から「早起き」を実践し、学業のかたわらで起業。青年実業家として活躍した。
大学卒業後は「今しかできない、新卒での入社を経験してみたい」という動機で、学生時代のビジネスを全て手放し、大手化粧品会社に就職。その後、海外勤務や計10回の転職を通じて「経験の幅」を広めるのと同時に、「朝と週末の有効活用」を実践して、副業を開始。現役のサラリーマンながら、現在は海外進出支援・ビジネスマッチング・投資アドバイザー・コンサルティング・出版関連など、副業で国内外の計11社の経営に携わっている。
その一方で、「サラリーマンやOLであっても、もっと自由に人生を生きられるはずだ」「早起きをすれば、時間とお金の自由は必ず作れる」という信念のもと、自身の経験やノウハウを伝える「自己啓発セミナー」や「副業投資セミナー」を定期的に開催。好評を得て、『日経マネー』（日経BP社刊）、『PRESIDENT NEXT』（プレジデント社刊）、『週刊SPA!』（扶桑社刊）、『副業完全ガイド』（晋遊舎刊）など、数多くの雑誌で、そのノウハウが紹介されている。

著書に『ズレるが勝ち』（経済界刊）、『副業ダブルワークガイドブック』（産学社刊）、出版プロデューサーの長倉顕太との共著に『副業中毒』（電子書籍）がある。

＜著者公式ホームページ＞
https://www.ichikawaseitaro.com

朝8時までの習慣で人生は9割変わる

2018年10月29日　初版発行
2018年11月4日　2刷発行

著　者　市川清太郎

カバーデザイン　ハッチとナッチ
本文デザイン・DTP　白石知美（株式会社システムタンク）
編　集　大平淳

発行者　大平淳
発行所　株式会社横浜タイガ出版
〒221-0074　横浜市神奈川区白幡西町37-5
TEL　045-401-2822
URL　https://ytaiga.co.jp

発　売　サンクチュアリ出版
〒113-0023　東京都文京区向丘2-14-9
TEL　03-5834-2507
FAX　03-5834-2508

印刷・製本　中央精版印刷株式会社

ISBN 978-4-8014-9000-0

読者限定！ 2大無料特典

①『著者・市川清太郎による無料面談&コンサル』 先着100名様

②『本書には書ききれなかった今すぐ稼げる裏ワザ』 PDFファイル

本書をお買い上げいただいた方に「今すぐ稼げる裏ワザ」（PDFファイル）を無料プレゼント。さらに、希望者には、著者・市川清太郎が無料面談を実施し、「朝時間を活用してお金を稼ぐ方法」について、コンサルティングをさせていただきます（20分程度を想定）。できるかぎり直接お会いして、面談をさせていただきますが、都合上、スカイプなどでの面談となる場合もございます。詳しくは、下記のページをご覧ください。

▼お申し込みは下記にアクセス

https://ytaiga.co.jp/8am

※PDFファイルはサイト上からダウンロードしていただくものであり、冊子などをお送りするものではありません。
※無料面談は先着順になりますので、定員に達し次第、PDFファイルの無料プレゼントとともに、予告なしに終了させていただく場合がございます。
※パソコンやスマートフォンにかんする技術的な質問はお答えできかねます。あらかじめ、ご了承ください。

スマートフォンはこちらから